これからの時代

グローバル・エシックスの視点

田中辰哉
Tatsuya Tanaka

文芸社

はじめに

　価値観が多様化した現代、社会共通の判断規準が不明解になってきている。個人主義と自由主義の浸透により、個人の自由や自律が尊重されるようになったことがその理由として挙げられるが、これまで掲げられた社会的善の概念が、過去には全体主義として戦争の原因となる場合もあったことへの警戒もあると思われる。

　このような価値観の混沌の中では、多くの場合、民主主義に基づく多数決で判断が下される。しかし、ここで問題となるのは単なる数であって、何か共通の価値規準があるわけではない。「総意」の名の下にその根拠が不明解になり、結局、構成員の利害関係によって判断が下されることも多いようである。価値観の統一が難しい状況では、話し合いといっても、それぞれの立場で利害を主張し合うしかないのである。もちろん、多数決でも採決前に何らかの知識が提供され、各人はそれを参考にしているかもしれない。また、何らかの道徳観が役割を果たすこともある。しかし、このような知識や道徳の尊重は、本来、民主主義とは別の概念である。つまり民主主義体制では、個人はあくまでも自由なのであって、そこで下される判断は自由意志を平等に足し合わせたものに過ぎないのである。それに対して、知識や道徳の重視は、世の中には何が正しいのかを決める何らかの規準があるという認識に基づいている。

また、よく言われるように、個人の自由は一見個人を解放するようだが、他方で決断を自分で下し、その責任も自分でとるという負担を個人に課している。そのような負担に個人が耐え切れているかというと、そうとも言えない。窮地に立たされた時、人は家族や友人といった共同体の中で、「利他」という伝統的価値基準に支えられることは多いのである。個人の自由の過度な尊重は、そのような共同体を一方で崩壊させ、その隙間を正当とは言い難い宗教が埋めているように見える。

本書は、現代社会で不明解になっている価値観について検討する。その意味で倫理に関する書物である。しかし、倫理という言葉から一般に連想されるように、個人の自由を制限し、社会的規範を強制するつもりはない。社会生活の基礎となる共通認識を明らかにすることは、個人に判断材料を提供することでもあり、自由に伴う負担をある意味で軽くすることにもなると考える。また、いくら個人が自由だといっても、少なくとも社会的に意味のある判断については、その根拠を明解にすることが重要だと考える。

私は専門の倫理学者ではなく、倫理学の細部には詳しくない。しかし、倫理学の書物を読んだ感想としては、これまでの倫理学では、倫理の持つ論理性や法則については詳しく議論されてきたが、具体的に何をすべきで、何をすべきでないかについて明解な回答を出すことができなかったように思える。例えば現代倫理学では、個人の自由や自律が重要な概念となるが、「何が正しいのかは自分で決めなさい」では、倫理の果たす役割は小さいと言えるだろう。

本書の目的は、実際の判断に役立つ概念を提示することである。その意味で本書は倫理学の中でも応用倫理学（あるいは実践倫理学）の範疇《はんちゅう》に属する。最近、核兵器や環境の問題等で、一国にとどまらず地球規模での論議が必要な場合が増えているが、そこで重要となるのは共通認識を持つことである。本書では、そのために必要な中立的価値観を提示したい。まず、第一章で現状を確認する。次に第二章で共有可能な価値観について検討する。最後に第三章で将来へ向けての具体的提言を行う。各章は倫理的な問題に触れたことがない人でも十分理解できるように留意した。

個人の幸福に必要なのは自由だけではなく、価値観の共有による連帯感も重要である。読み進めれば分かるとおり、本書の最終目的は社会体制の構築であるが、現代社会で個人が生きていく上でも、何らかの参考にして頂けたら幸いである。

目次

はじめに

第一章　現状認識

1、根本的な問い　10
2、人格の倫理と人倫の倫理　14
3、現代社会を支える三つの思想　18
3－1、個人主義について　19
3－2、自由主義について　22
3－3、民主主義について　25
4、権利と義務　31
5、欲望のコントロール　38
6、全体の視点の再評価　44
7、第一章のまとめ　47

第二章　価値観の共有

価値観共有の必要性　50
1、善の概念　52
1−1、愛情　53
1−2、知性　60
1−3、健康　65
1−4、共感　78
1−5、規律　82
1−6、創造　86
1−7、地位　90
1−8、善の概念のまとめ　92
2、悪の概念　94
2−1、他者危害　94
2−2、無責任　99
2−3、無視　104

2－4、その他 106
3、第二章のおわりに 107

第三章　将来へ向けて
グローバル・エシックスの必要性 110
1、世界平和 111
2、経済の調節 116
3、民主主義の発展 119
4、環境、資源の問題 123
5、科学技術の問題 124
6、外交関係 126
7、罰則規定 127
8、第三章のおわりに 128
参考文献 129
おわりに

第一章　現状認識

1、根本的な問い

本章を始めるにあたって、まず現代思想の根底にある哲学的問いについて考えたい。多くの人は、現代社会で生活するにあたって哲学的問いなど関係ないと思うかもしれない。しかし、人間社会は原始的な状況から、封建体制を経て民主主義体制へと徐々に変わってきたのであり、その変化は社会思想と、それを背景とする社会活動によるところが大きいのである。例えば現在では、個人の尊重や民主主義は当たり前のように感じられるかもしれないが、それらは決して最初から認められていたわけではなく、人間や社会に関する哲学的考察から生み出され、社会の中で必要なステップを踏みながら築き上げられたものなのである。現代社会を理解し今後の展望を考える際には、ただ現状の範囲だけで考えるのではなく、現代思想の根底にある問いに立ち返って検討する必要がある。

それは「私とは何か」という問いである。この問いを発したのは近代合理主義の祖と言われるデカルトである。彼はコギト（疑い）によって自分の周囲の世界が果たして真実なのかを疑っていった。そして最後に「コギト・エルゴ・スム」（我考えるゆえに我在り）

という結論に達した。つまり、「自分の周りの世界が真実であるかは疑わしいが、そのように考えている私は確実に存在している」ということである。この結論によって、主体を中心概念とする近代思想が始まったとされる。

このようなことを言っても、それは難しい哲学の問題であり、我々には直接関係ないように思えるかもしれない。しかし、彼の考えたことは決して特異なことではなく、ある意味で人間にとって最も普遍的な問いであった。つまり、少し分かりやすく言えば、毎日呼吸し、食べ物を食べ、ものを見聞きしている私とはいったい何かということを考えたのである。ひょっとすると私の周囲にあるものは、私があると思っているだけで、実は全て幻なのではないだろうか。このような疑問を、一度は感じたことがある人は多いのではなかろうか。幼い頃、「私はどこからきたのか」と自己の存在に関する素朴な疑問を持ったこともあるかもしれない。困難の中で苦しみながら生きる自分に疑問を感じる場合もあるだろう。また、もっと日常的な例としては、思った通りに振る舞えない時の自己嫌悪や、逆に自己愛に基づくナルシズムも、私に対する意識の表れと言える。このような「私」に対する問いこそが、現代社会を構築する上で基礎になっており、個人の尊重も人権も民主主義もその上に成り立っているのである。

哲学の世界では、この「私」とそれを取り囲む世界についての問題は、認識論として深く追求されている。認識論では、我々が日々体験している世界は、目や耳といった認識器官を介した間接的な像に過ぎず、その意味で不確実なものだとされる。例えば手足を切断した人が、切断後しばらくの間、実際にはないはずの手足に痛みを感じることがある。これは偽肢痛と呼ばれるもので、脳の中に、なくなった手足の感覚に関する神経が残存しており、そこにまだ興奮が生じていると考えられる。これは、我々の感じている世界は結局は脳の中にあり、認識を通した不確実なものであることを示している。そして、このような不確実な認識に惑わされず、確実な真理を導き出す方法を確立するために、現象そのものに着目しようとした現象学や、人間による解釈について深く検討した解釈学という学問も生まれた。それぞれ、ここでは十分に検討しきれない内容を持っている。

しかし、最終的な結果を言えば、このような認識に関する疑問を明らかにするのは、自らも認識者である人間には不可能だと言える。また「現象」や「解釈」という言葉を用いた時点で、既に私とは無関係に存在する「外部世界」と、認識によって生ずる私の「内部世界」の二重構造を認めているのである。通常の認識を超えた超自然的智性に頼れば、このような認識の問題について新たな局面を開けたかもしれない。しかし多くの場合、あくまでも通常の知性で理解できる範囲にこだわったようだ。そして結果的には、これらの検討は非常に繊細な印象は与えても、真理を導き出す有効な方法にはならなかった。現在では、哲学の課題はこのような真理に関する問題から、より現実的な分野へ移ってきているように見える。本書の属する応用倫理学もそのような分野の一つである。

ここでは不確実な認識を介するとはいえ、我々が日々体験している世界の実在は当然の公理とされ、常識的世界観を肯定した上で論が展開される。また、究極の真理は何かという問題よりも、絶えず変化する人間社会の中で、慣習的に成り立つ法則について検討が進められるようである。しかし、ここでも認識の主体である「私」が社会を構成する最も重要な単位になることには変わりはない。

「私とは何か」という問いは宗教的感覚とも密接である。普段は信じて疑わない「私」に対する疑問は、私を超えた存在に対する感覚と結び付きやすい。宗教心が薄くなってきている現代においては、この感覚は馴染みが薄いかもしれないが、科学が万能視されるようになったのは比較的最近のことで、歴史的には多くの人が宗教心を持って生きてきたのである。現在でも宗教が重要な意味を持っている文化圏は非常に多い。私自身は、十分な検討もないまま宗教に肩入れするのをよいとは思わないが、宗教的な感覚が歴史的に人間社会で大きな意味を持ってきたことは否定できないと考える。また、宗教に見られるような超自然的智性により「私とは何か」という問いに答えようという立場もありうる。しかし、以降はこのような超自然的智性ではなく、あくまでも常識的知性で理解できる範囲で「私」や「社会」の問題を扱っていく。

2、人格の倫理と人倫の倫理

本書のテーマである倫理においても、「私」という問題は重要である。それは、先ほど述べたような認識の問題と関係している。

認識という観点からとらえれば、全ての世界は認識者である「私」の内部にあると考えられる。他者や社会があるとしても、それはあくまでも私の内部世界の中にあるのである。私がいなくなってしまえば、他者や社会もなくなってしまうと考えることもできる。このような「私」は、認識における「主体」と呼ばれる。世界はあくまでも「主体」の存続のもとに成り立っていると考えれば、「主体」は絶対的な存在として重視しなければならない。

「主体」とは別に独立したものとして「外部世界」や「社会」が存在し、「主体」はその一部であるとする立場からも、「主体」の尊重は認められる。その場合「主体」は社会を構成する単位となるわけだが、ここでの「主体」も、単に社会に従属し、社会に支配されているだけではない。意思を持った存在として社会の中で絶えず自己主張し、固有の人格を形成している。社会を考える際、このような人格をまず尊重しようとする倫理を「人格の倫理」と言う。「一人の人間の命は地球より重い」という言葉に代表される人権尊重の運動は、主にこの人格の倫理に根差していると言えるだろう。

しかし、実際の世界は必ずしもこのような「主体」だけに還元して考えることはできない。世界は多くの「主体」が参加して成立する「社会」として考えることもできる。この場合、外部世界や他者の存在は当然の公理とされている。我々の常識的世界観にも近いと言えるだろう。

実際の社会を考えれば分かるように、我々は自分一人で生きているのではない。社会の一員として役割を果たし、相互に支え合いながら生活しているのである。認識という観点からは「主体」の独立性が強調されるが、このような「社会」に対する「主体」の従属性もまた重要である。むしろ「主体」が意識されるようになったのは主に近代以降であり、それ以前の人間は、自分を意識するよりも、まず社会の一員として生きてきたのである。日本を例にとっても、近代的自我が目覚めたのは明治以降であり、それ以前の人間は、封建社会の一員としてとらえられることの方が多かった。明治時代に夏目漱石は「私の個人主義」という講演を行っているが、その中で述べられた個人中心の考え方は、当時の人々に知的な衝撃を与えたという。それ以前の人間にとっては、社会的役割が「私」の多くを占めたのであり、それから離れた自分を意識することは少なかったようである。「主体」の独立は哲学的思惟の産物であり、「社会」の一員としての自覚の方が、人間にとってより一般的な感覚なのかもしれない。このような「社会」の一員としての人間に着目した倫理を「人倫の倫理」と言う。

本来、倫理は「世のため人のため」を考える道徳との関わりが密接である。その意味で倫理とは、社会的存在としての人間の規範を定めるものである。何が正しいのかを定めるために功利主義という考え方があるが、ここでは社会全体での幸福（快楽）の量が最大になるように振る舞うのが善だとされる。社会との関わりを無視しては、倫理や道徳について考えることはできないであろう。もし、各人の人格だけを尊重するのであれば、ある意味で善という概念が存在しない社会にもなると言える。人倫の倫理の立場から考えると、人格の尊重が善とされるのも、そうすることが社会全体にとって望ましいと考えられるからなのである。このように、特に善の概念について検討する際には、社会との関わりに着目した人倫の倫理は不可欠だと言える。

ただし、このような人倫の倫理は全体主義に陥る危険性も持っている。過去の戦争は「お国のため」の全体主義が引き起こしたのであり、戦後はその反省から、個人尊重の立場に立った人格の倫理が重視されるようになった。現在では、人倫の倫理を主張することは、全体主義への逆戻りにつながるという根強い警戒の念もあるようである。

しかし、ここで注意して頂きたいのは、戦時の全体主義は国家という枠にとどまっていたことである。そのため、国家間の対立を解決できなかったばかりか、かえって対抗心を強めることになった。しかし、現在環境問題等で必要とされているのは地球全体という枠の設定である。本来、人倫の倫理は人間社会全体を指向するべきで、国家という限られた枠内にとどまるべきではないと考える。

人倫の倫理が戦争という不幸を生み出した原因は、枠の大きさの問題だけにあるのではない。もう一つの原因は、人倫の倫理が社会性を重視する際に、社会のなす行為の内容を問わなかったことにある。善の概念を検討する際に、社会との関わりは不可欠だが、それだけでは具体的に何が善なのかは分からない。善とは社会のために行動することだといっても、その具体的内容が不明であれば、社会全体が誤った方向に進む可能性はある。実際、日本が戦時中に行った侵略行為は、少なくとも日本国内では、日本社会の利益のために肯定されたのである。ここでは、「私」という小さな枠よりも「国家」という大きな枠を大事にすることが善とされたのであり、主に善の概念の構成に重点が置かれている。

しかし、善の概念はこのような構成の仕組みだけでなく、具体的内容からも検討しなければならない。善の具体的内容は確かに時代によってさまざまで不確実かもしれないが、普遍的に成り立つと考えられる善の概念もある。完全とは言えないとしても、何らかの形で善の具体的内容を示すことが、実際に行動する際に重要だと考える。このような善の具体的内容については第二章で提示する。

3、現代社会を支える三つの思想

以上の人格と社会に対する検討をもとに、現代社会の根底にある思想について考察する。もちろん、一人一人の考え方はさまざまかもしれないが、現代社会のシステムは三つの大きな思想によって運営されていると言える。

それは個人主義、自由主義、民主主義である。つまり、社会は個人の独立と自由の尊重のもと、民衆が主体となって運営すべきだということである。これは特に西洋化が進んだ先進国では当然のこととして受け入れられていると言える。フランシス・フクヤマ氏の『歴史の終わり』によれば、人間社会の最終形態はリベラルな民主主義だという。リベラルとは個人の独立と自由を尊重することだと考えると、まさにこの三つの思想が、これまでの歴史の結果、人類がたどり着いた最終的な社会思想であると言える。しかし、これらの三つの思想で必ずしも社会が理想的に運営されるわけではなく、それぞれ独自の問題点を持っている。以下はそれぞれの思想についてその背景と問題点について検討する。

3—1、個人主義について

個人主義は先に述べたような「主体」の尊重と深く関わっている。哲学の世界では自我に対する考察は長い歴史があるが、一般の人が自我に目覚め、社会体制にも反映されるようになったのは主に近代以降である。中村元氏の比較思想研究によると、人間社会は当初、原始民主主義体制と呼ばれる体制だったという。その中では、思想は社会体制にとらわれず自由に展開されており、個人も比較的自由な存在だったようである。しかし自然淘汰が進み、強者を中心とした封建体制が完成されると、社会体制を維持するための思想が広がるようになり、個人も封建体制の一員として位置づけられるようになったという。現代の個人主義は、そのような封建体制に対抗する形で勝ち取られたと言える。

このような戦いの中で勝ち取られた現代の個人主義の根底には、「私は私」という強い自己主張があるように思える。原始民主主義体制では、人間は共同体の中で漠然とした協調性を持っていたとも考えられるが、現代の個人主義では、社会の一員としての人間よりも、個人の独立の方が強調されている。もちろん、現代社会でも個人は社会人として協調性を必要とするが、個人主義という思想そのものは、社会よりも個人を尊重する立場にあると言えよう。

このように人間一人一人を個人として尊重することは、戦争や暴力といった他者に対する危害を防ぐために有効である。既に述べた通り、過去の戦争は国益の名のもとに行われたのであるが、個人尊重の立場に立てば、国益のために個人の生命や利益を犠牲にすることは許されないのである。また、個人主義で一人一人の考え方を尊重することは、人間の自立を促進する効果もある。例えば思春期において、自分で考え、自分自身の見解を持つように努めることは、周囲への依存から脱却するのに役立つであろう。

しかし一方、個人の見解を尊重しすぎることは、社会性の低下にもつながる。もちろん、個人主義と社会性を兼ね合わせることは可能であるが、一般に個人の独立を尊重しすぎると、社会よりも自分のことを先に考える人間が増える傾向があるようである。また、いくら個人の独立が重要であるといっても、社会の中で役割を分担し、支え合うことも必要である。個人主義の浸透に伴い、家族をはじめとした共同体の結束は弱くなる傾向があるが、それは人間一人一人を不安に陥れているようにも見える。人間が独立して生活するには、一人一人が強くなくてはならないが、いついかなる時にも強い自分を維持するのは大変なことである。万事順調な時には、個人の独立も可能かもしれないが、困難にあっては周囲からの支えも必要になる。その際、共同体の機能が低下しているのであれば、結局困ることになるのは一人一人の人間なのである。現代社会は十分な判断力と強い意志を持った人間を前提としているが、実際の人間は常にそうだと言い切れないのではないだろうか。

3－2、自由主義について

現代社会を支えている思想として、次に自由主義について検討する。自由は本来哲学の中では「魂の自由」として検討されてきた。つまり、人間はさまざまな社会的事情に束縛されて生きているが、内面においては外的制約に縛られず、自己の尊厳と独立を維持しようという意味である。しかし、現代社会で自由主義といった場合には、このような内面的問題よりも、外的行動において制約を受けないことと考えられているようである。

封建体制下では、人間は社会的強者からさまざまな制約を受けて生活していた。それらの制約の中には、いわれのない暴力や搾取も含まれていただろう。このような制約から脱却することが自由の獲得だったのであり、後に述べる民主主義運動の中では、自由と平等が二つの大きな概念にもなっている。このように、本来自由の獲得は明らかな非人間的状態からの脱却を目指したものであった。

しかし、現代社会で自由主義といった際には、非人間的なものに限らず、あらゆる面で制約を受けないことだと受け取られているようである。もちろん、いくら自由といっても他者に迷惑をかけるような行為は許されず、その意味で「他者危害の禁止」という制約はある。しかし、自由主義はこの「他者危害の禁止」という原則さえ守れば、あとは文字通り何をするのも勝手という考え方なのである。それは時に既成の社会的規範に対する反抗とも結び付く。社会的規範の中にまだ組み入れられていない若者にとっては、自由が一つの理想として掲げられることも多いようである。

しかし、自由主義が社会的規範に反抗するといっても、自由主義自身がそれに代わる何らかの規範を示すわけではない。自由主義とは、他者危害という悪の概念は持つが、積極的善の概念を持たない考え方なのである。確かに自由主義社会の中においても各人は他者に対する配慮や道徳観を失わないかもしれない。しかし、それらは既成の社会的規範の残存であって、自由主義そのものではないのである。

善の概念を持たない自由主義は、どちらかというと道徳観を弱める効果もある。自由主義は先に述べた個人主義と結び付けられることが多いが、個人が善の概念のない自由主義に則《のっと》って振る舞うのであれば、行動は自分の利益を中心としたものになりやすい。善の概念や道徳は、本来自分よりも他者のことを考えることにあると鑑《かんが》みれば、自由主義はこのような道徳とは相容れない側面を持つのである。自由主義は、自由を与えられた個人の十分な自覚がない限り、単なる「わがまま」に陥る危険性を持っている。

「徳性は家庭で養われ、自由はそれを消費する」という言葉がある。これは、人間が自分よりも他者の利益を尊重することを身につけるのは、主に家族という他者、共同体を通してであって、逆に自由を手にすると人間は自分の利益を考えるようになるということであろう。人間は個人として生きるだけではなく、他者と価値観を共有したり、支え合ったりすることも必要としている。幸福とは何かを考えると、自由よりも、むしろ束縛し合う他者を持つことの方が重要かもしれない。


積極的善の概念を持たない自由主義社会では、各人が自分で何が正しいのかを決めなければならない。しかし、これは個人にとって大きな負担でもある。社会として共有できる善の概念がある程度あった方が、むしろ判断において迷わなくてすむ。もちろん、社会全体の価値観は常に検証されなければならないが、それが明解であることは、個人の内面や社会の安定につながると考える。

「はじめに」で述べたように、現代倫理学では個人の自由や自律を重視するあまり具体的行動の規範を示せなくなってきている。しかし、そもそも倫理の大きな役割は社会的規範を提示することであって、自由主義とは相反する面も大きいのではないだろうか。

自由の追求が果たした歴史的役割は確かに重要である。しかし、今後の人間社会はむしろ自由を規制する方向に進む必要があると考える。自由主義は「行動の自由」という外的意味を反省し、困難の中でも失われない「魂の自由」というもともとの意味を再評価すべきではないかと考える。

3－3、民主主義について

民主主義とは、文字どおり民衆が中心となって社会を運営しようという考え方である。現在では、この考え方は当然とみなされているかもしれないが、強者が弱者を支配するという自然の法則から考えれば、かなり特殊な社会形態と言えるかもしれない。社会全体としては民主主義をとっても、その規則が及ばない社会の細部においては、依然として自然の法則は根強いように見える。そのような自然の法則の中、民主主義体制はどのような概念を掲げて築き上げられてきたのであろうか。

よく言われるように、民主主義は自由と平等という二つの概念によって成り立っている。現代の民主主義は主に封建体制に対抗する形で築き上げられており、その過程においては、封建的支配からの自由と、社会階級に縛られない平等が、重要な役割を果たしたのである。まず束縛からの自由が叫ばれ、それがある程度達成されると、今度は平等が求められるようになるという前後関係もあるという。自由については既に述べたので、ここでは平等について検討したい。

周囲を見渡せば分かるとおり、人間には一人一人違いがある。それは能力であったり、社会的地位であったり、容姿や性格であるかもしれない。何の社会思想もない自然状態では、むしろこのような人間一人一人の違いが社会を運営する上で重要な役割を果たしているると言える。例えば、美しい容姿の女性は女優として皆の注目を浴びやすいし、優れたスポーツ選手は高額な収入を得ることになる。これらの違いを超えて、民主主義で平等という概念が提示される際、そこには大きく分けて四つの意味があると言える。

それは「もともとの平等」、「扱いの平等」、「機会の平等」、「結果の平等」である。「もともとの平等」は主として「人間としての平等」を指す。先に述べたように、世界は主体を中心としてとらえることができるのであり、物事の意味付けも主体によってさまざまである。このように主体によって異なる世界では、比較自体がそもそも不可能であり、その意味で、人間は固有の主体として平等と言える。これは主に人格の倫理に基づいた考え方による。人倫の倫理の立場からは、人間一人一人の平等を肯定することによって、社会を構成する一人一人の安全保証感が増し、社会全体の幸福の量が増すと考えられるだろう。また、この「人間としての平等」は宗教との関わりも密接である。人間より一段上の存在を想定すればそれ以下の多少の違いは無視できるし、苦楽を味わいながら生きていく存在として人間は皆同じであるとも考えられる。

「扱いの平等」では、人間にはもともと違いがあることが、ある程度容認される。そのような違いがあっても、社会制度上、主に「法の下において」平等とされるのである。もともと平等だから平等に扱うのだとも考えられるが、もともとの平等を肯定しなくても、扱いを平等とする考え方は成り立つ。

「機会の平等」は、人間が自分の力を発揮する機会を平等にしようという考え方である。ここでも人間一人一人の違いは認められる。過去には、力を持っていても、社会制度の制約でそれを発揮する機会を得られないことも多かったようである。そのような制約を撤廃し、誰でも努力すれば認められる社会体制にしようというのが、「機会の平等」の目的である。

「結果の平等」は、人間には違いがあり、それはやむをえないにしても、それによる結果は大きな差が出ないようにしようという考え方である。累進課税制度は主にこの考え方に基づくと言えるだろう。

このように一口に平等といってもさまざまな解釈があるが、それらには問題点もある。前出のフランシス・フクヤマ氏の『歴史の終わり』によれば、人間には平等願望と優越願望があり、人間が自己の尊厳を保ち、社会的に意味のある仕事をする際には優越願望の方が重要な役割を果たすという。誤解がないように断っておくが、ここで言う優越願望とは自分が周囲より優れた存在でありたいと思うことだけではなく、より広い意味での向上心を指しているようである。確かに、努力してもしなくても平等であるよりは、向上を目指して努力する方が、その人自身にとっても、社会にとっても意味があるかもしれない。第二章で詳しく触れるが、人間には自分の利益を計り、それによって自己の社会的地位を上げようとする本性があり、自然状態における競争はそれによって成り立っていると言える。平等の概念はこのような人間社会にとっても必要な人間の本性を低下させる危険性も持っている。それは「悪平等」という形で問題にされることも多い。

現在、個人の所得格差は拡大する傾向にあるという。また、国家間の問題についても、南北格差は広がる傾向にある。これは、平等よりも競争という自然の法則に基づいた方が経済を活性化させ、人間社会の発展につながるという考え方によるとも言える。しかし、このような競争原理を取り入れることは、人間社会が原始民主主義体制から封建体制へと変わっていった過程を繰り返すことにもなる。どの程度の競争原理が人間社会にとって望ましいのかには常に配慮しなければならない。法に平等が規定され、一人一人の地位に差はなくても、経済的富に圧倒的な差が生じるのであれば、民主主義本来の姿から外れると言えるだろう。ある意味で現代社会では金持ちが一番得なのかもしれない。王侯貴族は身の振る舞いにも注意しなければならないし、社会から攻撃を受けることもあるが、金持ちは比較的その心配はなく、どちらかというと憧れの対象とされる。

民主主義を支える自由と平等という二つの概念には矛盾した関係もある。つまり、自由を尊重すると競争が激しくなり、結果として平等が阻害されるという関係である。自由競争の重要性は認めつつも、平等が過度に阻害されないよう監視することは、倫理の重要な役割だと考える。具体的には「もともとの平等」を社会教育によって啓蒙し、「扱いの平等」と「機会の平等」が確実に保たれるようにし、「結果の平等」が過度に阻害されないように配慮することが重要である。

以上、平等という概念を中心に思想としての民主主義について検討してきた。次にシステムとしての民主主義について検討する。ここでは主に民主主義の決断方法である多数決について検討する。議会や会議での多数決だけでなく選挙制度も平等な一票の獲得を競う点で多数決の一つと言える。既に述べたことだが、多数決とはひとことで言えば、個人の自由意志を平等に足し合わせて社会全体の意志を決定しようというシステムなのである。

しかし、個人がいくら自由で平等であっても、その意志を足し合わせて社会的判断を下そうという発想は単純であるように思える。単なる数が問題になるのであれば、その数を得るために手段は選ばないという状況も出現する。金銭等の人間の欲望が数を決定する重要な要因になる場合もある。もちろん、数を得るために不正な行為をすることは禁じられているが、そのような規制は多数決とは別の、倫理的規範によるものである。倫理的に問題があると思われる思想が、人心を巧みに操作した結果、多数を獲得することもあるようだ。よく挙げられる例であるが、ナチス政権は世界で最も民主的な憲法であったワイマール憲法の下で誕生したのである。数学について正しい決断を下すには、素人がいくら大勢集まっても一人の数学者にはかなわない。単なる多数決はいわゆる衆愚政治に陥る可能性を持っていることは常に注意しなければならない。

重要なのは多数決の前に、まず個人の意志を成熟させることである。現在でも多数決を取る前に十分な検討がなされ、その意味で意志は成熟していると言えるかもしれない。しかしこのような意志の成熟は、単に慣例として行うだけでなく、システムそのものに取り入れる必要があると考える。その具体的方法については第三章で提示する。

4、権利と義務

以上、現代社会を構成する三つの思想について簡単に検討した。以降はこれらの三つの思想の中で、倫理学の中心概念である「権利」と「義務」がどのようにとらえられるのかについて検討したい。

現代社会では、権利とは一般に尊いもので、守っていくべきだととらえられている。しかし、そもそも権利とは何かについて明解な答えを持つ人は少ないのではないだろうか。まず、権利の定義について考えたい。

人が権利を主張するのは、身にふりかかる危害を避ける時や、与えられるべき利益を求める時である。その意味で権利とは、自分の生命を保ちたい、自分の利益を守りたいといった欲望としての側面を持つ。しかし、人間の持つ全ての欲望が認められるのではない。

その欲望はまず、他者に危害を加えるものであってはならない。また、ある種の欲望は判断能力を持つ者にしか認められない。喫煙や飲酒、そして婚姻は、一定の年齢に達し、社会から判断能力があるとみなされた者に限って認められるのである。さらに、社会に対して果たした役割にふさわしくなくては認められない欲望もある。以前は一定の税金を払った人でなければ選挙権は与えられなかったのである。このように、権利の表す人間の欲望は社会的に認められるものでなくてはならない。以上により、権利とは「社会的に認められた欲望」と定義することができるのではないだろうか。

権利とは、英語では「right」であることを考えれば、「正当性」と定義することもできよう。しかし、人が権利を主張するのは背後に何らかの欲望があるからであり、この欲望としての側面を表すには「正当性」という言葉では十分でない。また、正当性とは具体的に何を指すのかも不明である。権利は社会の中で生きていく際に社会から保証されるものであることを考えれば、「社会的に認められる」ことが正当性の具体的内容であると言える。

権利を個人に保証される何らかの「力」だと考える場合もあるようである。その解釈を取り入れ、より厳密に定義すれば、権利とは「欲望を社会的に認めさせる力」だと言えるだろう。しかし、権利の内容をより明解に表すとしたら、「社会的に認められた欲望」の方が適切だと考える。

だが、ここで注意しなければならないのは、現代社会で尊いものと考えられている権利が、「欲望」という倫理的に統制されるべきもので定義される点である。倫理や道徳では、どちらかというと自分の欲望を抑えて他者や社会に尽くすことが善とされるのであり、その点では権利は倫理と相容れない側面を持つ。権利は尊いものであり、その主張は当然倫理にもかなっているはずだという一般的な認識とは食い違うことに注意したい。

もちろん、権利は「社会的に認められる」のであるから、権利が倫理と全面的に相容れないというつもりはない。「社会的に認められる欲望」が相互に保証されるからこそ、倫理的にも望ましい社会なのである。だからこそ、人類はこれまで人権の拡大に努力してきたのであり、実際に人権の概念は、これまで虐げられてきた人々の生活を向上させるのに大いに役立ってきた。

しかし、社会が豊かになるにつれ、欲望の内容も次第に贅沢になった。そして、権利の名のもとに、社会的に認められるとは言い難い欲望までが主張されることも多くなっているのではないだろうか。以前新聞で、都会に住む人が、通勤に何時間もかかるような現状は人権の侵害であると主張した記事を読んだことがある。確かに住宅事情の悪化は行政の責任でもあり、政策の欠点を指摘した点では、社会的に認められる主張だとも言える。しかし、通勤を楽にしたいという欲望は、地方に移り住んでそこの会社に勤めるなり、もっと頑張って職場に近い都心部に家を構えるなりして、自らの努力と工夫によって実現すべきものだとも言える。また、ユネスコが子供の人権について検討した際、日本の学生は人権侵害の例として制服の強制を挙げたそうである。これに対しユネスコの職員は「世界には生命の危機に直面したり、虐待を受けたりしている子供もおり、それに比べたら制服の強制は人権の侵害とは言えない」といった内容のコメントをしたそうである。ここで私が言いたいのは、権利の持つ欲望としての側面は、豊かさの追究の中で次第に拡大され、倫理的に許容できる範囲を越える危険があるということである。

次に、権利の尊重によって実現されるものは何なのかについて考えたい。先に倫理には個人尊重の立場による人格の倫理と、社会尊重の立場による人倫の倫理があると述べた。この区分によると、権利とは人格の持つ欲望を人倫の立場から認めることによって成り立っていると言える。しかしここで重要なのは、権利によって保証されるのは、社会の利益ではなく個人の利益であるということである。権利を「社会的に認められる欲望」と定義した際、認められる欲望は、社会の欲望ではなく、個人の欲望なのだ。その意味で、権利という概念は、社会性ももちろん持っているが、どちらかというと個人中心の考え方に基づいていると言える。つまり、権利とは人倫の倫理よりも人格の倫理に根差した考え方であり、その根底となる世界観も全体中心というより個人中心なのである。

もう一つ重要な点は、権利が人間の自由を獲得する際に用いられてきたということである。歴史的に権利は、社会的弱者が束縛から抜け出し自由を獲得する際に大きな役割を果たしている。先に権利とは「社会的に認められた欲望」であると述べたが、弱者はこの権利を主張することによって今まで抑えられてきた欲望を解放してきたのである。その意味で、権利の獲得は束縛からの自由とほぼ同義である。言い換えれば、自由を獲得するために権利という概念が強調されてきたのである。

つまり、権利とは「個人の自由」を実現する際に有効な概念なのである。先に現代社会を支配する思想として個人主義と自由主義を挙げたが、現代社会で人権が重視されるのは、この二つの思想によるところが大きいと言える。そして既に検討したとおり、個人主義や自由主義は、社会全体の利益や統制を考える際には、むしろ障害になる場合もある。権利の主張が時に、いわゆる「わがまま」としてとらえられるのはこのような背景による。

最近、人間以外の動物や植物にも権利を認めようという動きがある。中には「岩石の権利」というのもある。この動きは自然保護運動との関わりが深い。つまり、動物や植物を守るために、それらにも権利を認めて、尊重を義務づけさせようとしているのである。しかし私は、権利とは基本的に人間に対する概念だと考えている。動物や植物の権利は、動物や植物が自らそうしてくれと欲望を主張したわけではない。それらの権利に表される欲望は「自然を保護したい」という人間側の欲望である。もちろん、動物や植物にも何らかの意志はあるのかもしれないが、少なくとも現時点ではその内容は把握できない。権利とは人間社会の概念であり、人間と動植物の間には、明らかな一線は引くべきだと考える。動物や植物は、人間社会の中では、愛護の対象とすべきだろう。

次に義務について検討する。既に述べたように、権利は個人の欲望を認める方向で働くが、義務はこれとは逆に社会から個人に要請されるものである。どちらかというと個人の欲望を抑制する方向で働くと言えるだろう。その定義は「社会から要請される行い」と規定できるだろう。このように述べると、義務は個人にとって非常に魅力の薄いものに映るかもしれない。確かに、義務は個人よりも社会の視点に立っており、強制されるものと受け取られがちである。

しかし、倫理学で義務といった際には、「倫理に基づく行い」というより広い意味もある。より明解に言えば、義務とは社会的善悪の概念に基づいた行いのことである。人間は生きる意義を社会的役割に見出す面もあり、この意味では、義務を果たし社会のために何かすることは、ある意味で個人に生きる目的を与えてくれるとも言える。人間が皆、自分の欲望と自由のために生きるのであれば、それはある意味で寂しい社会である。人権尊重の運動が社会で広く受け入れられたのも、根底に、社会の中で虐げられている人々を救いたい、あるいは救わなければならないという義務感があったからではないだろうか。

義務には大きく分けて完全義務と不完全義務がある。完全義務は破ってはいけないことで、悪の概念を提示すると言える。不完全義務は実践することが望ましいことで、善の概念を提示すると言える。現代社会では善悪の概念が不明解になりつつあると述べたが、それはつまり義務が不明解であるということでもある。権利の主張は活発な一方で、義務が不明解である現状は、人間が倫理的規範を廃し、自らの欲望に基づき行動しようとしていることの表れだと言える。

既に述べた通り、自由主義は積極的善の概念を持たない考え方である。その意味で自由主義社会における義務とは完全義務を指し、最低限のものである。もともと、ある人が権利を持つということは、他の人がそれを尊重する義務を負うことで、義務を果たすことによって権利も与えられると考えられている。その意味では、権利と義務は本来表裏一体である。自由主義社会において、義務が最低限ならば、権利も最低限であるはずだが、実際には権利の方は進んで実践すべき善ととらえられている感がある。この「権利は最大限、義務は最小限」という考え方は、人間が身勝手になりつつあることの表れではなかろうか。

権利を明解にし、その実現を目指すこと自体は悪いことだとは思わない。しかし、その際、権利とはそもそも何なのかについて検討しなければ、単なる欲望の主張に終わることになりかねない。また、同時に義務についての検討も必要である。それは社会として善悪の概念を個人に提示することであり、個人にとって必ずしも不利益なことだと思わない。その検討は第二章で行う。

5、欲望のコントロール

前節で、権利とは「社会的に認められた欲望」であり、その背景には「個人の自由」を追求してきた近代社会があると述べた。このような「個人の自由」は本来、人間の尊厳の上に成り立ち、そこには漠然とした人間に対する信頼があると言える。個人は自由であっても、社会の中で協調性を保ち、社会的貢献を目指して努力すると考えられてきたのである。このような人間観は今でももちろん成り立つ。しかし一方では、既に述べたように、権利の名のもとに社会的に認められるとは言い難い欲望が主張されるという現状もある。ここでは、自由は「行動を制限しないこと」ととらえられ、社会的規制を廃して欲望を追求する方向へ人間を導いているとも言える。

このような欲望の追求は、科学技術の発展と関連が深い。科学技術はこれまで果たせなかった人間の夢（欲望）を実現するために発達してきた。確かに、科学技術により人間の生活は豊かにもなったが、一方では、環境破壊や資源枯渇等の問題を生み出してもいる。また、最近の生命科学の進歩は、これまでの人間観や人間社会のあり方を根底から揺るがしている。現に精子や卵子の提供は一つの産業になりつつあり、健康かつ優秀で青い目の女性の卵子には五百万円の値段がつくという状況が生じてきている。これでは人間社会が長い時間をかけて作り上げてきた人間の尊厳は失われ、強いもののみが利益を得る社会へ逆戻りすることになるのではないだろうか。

このような話をしても現実味が感じられないかもしれない。しかし、無自覚のうちにそうなっていくところが最も恐ろしい点でもある。人間の欲望を自由に追求すれば、結局このような形にもなるのだということを、我々は危機感を持って自覚する必要があるのではないだろうか。欲望に任せて科学技術を用いる時代はもう終わったと言える。これからは社会的意義を十分に検討した上での規制が必要となるであろう。今後は自然科学者一人一人が自らの仕事の社会に対する影響を意識しなければならない。

一度自由な欲望を味わった人間が、自らその果実を手放すとは思えない。自由主義社会は相当な覚悟を持って自らを反省する必要がある。結局、誰の目にも明らかな失敗や危険が起こらなければ、そのような反省は起こらないのかもしれない。反省を促すような失敗が今後どのような形で起こるのかは不明である。

既に認められている欲望を規制するのは困難なことである。たとえ、社会的に問題のありそうな欲望でも、それによって利益を得ている人はその利益を守ろうとするだろうし、その人たちの意志も民主主義社会の中では尊重の対象となるからである。だが少なくとも、欲望の拡大を予測し、危険な方向へは先手を打って規制をかけることは必要であろう。実際には、このような対策もかなり遅れているのが現状である。先の危険を予見した強力なリーダーシップが求められている。そこでは自由な意志との兼ね合いが問題になると思われる。しかし、既にある自由は尊重するとしても、新しい自由をむやみやたらと認めるのは控えるべきだと考える。

人間の欲望は、経済活動との関連が密接である。資本主義社会の自由市場経済では特にそれが顕著である。人間が富を求めて仕事をし、物やサービスを消費することによって経済は活気を帯びるのである。社会主義国において経済は国家の計画に基づいて行われたが、欲望を原動力とした自由競争がないために、経済は活気を失う結果となった。主要な社会主義国家が崩壊した最も大きな原因は経済の失敗にあったと言える。しかし、だからといって資本主義的市場経済が一概に優れているとも言えない。人間の自由な欲望の追求により、全体に対する配慮は失われる傾向があり、地球という系自体が人間の経済活動を支えきれなくなってきているのである。

もちろん、資本主義国でも環境や資源を配慮した規制は行われている。しかし、このような計画的規制は本来社会主義に近い。自由が資本主義、統制が社会主義と一概に区分するわけではない。人間社会には自由と統制のどちらも必要なのである。ただし、自由を尊重するといっても、そこには何らかの枠組みが必要である。そして現代社会は、自由よりも規制を重視すべき時期にきていると言える。

競争においては、自らの行動に規制を設けない方が確かに有利かもしれない。そのような姿勢は確かに競争における勝利につながりやすい。しかし、そのような姿勢で競争に勝った際、それによる利益だけでなく、弊害についても、自分で責任を取らなければならない。それができなければ、最初から一定の枠内で競争すべきである。勝つことだけが目的で、弊害に対する責任を取らないのであれば、欲望に任せて盲目的に動いているのと同じである。

古い倫理観を持ち出すようで恐縮だが、「足ることを知る」ことは、現代人にとっても、やはり必要ではないだろうか。欲望の盲目的肯定は慢性的不満足につながり、結局、個人を満たされない状況に置くことになるのではないだろうか。自律の本来の意義は、「私はこれで満足である」という枠を自ら設定することにあるのではないだろうか。

確かに禁欲的思想は封建体制を維持するために作られた面もある。それを過度に強調することは古い時代への回帰なのかもしれない。しかし、私がここで主張する欲望のコントロールとは、欲望そのものを否定することではない。人間が自己の欲望を主張するのはある意味で健康なことであり、それを無理に歪めるのはかえって不健康と言えるかもしれない。しかし、欲望そのものに善悪がないとしても、これまでの社会通念から考えて明らかに問題のある欲望に対しては、抑制をかけられなくてはならない。

欲望の抑制は、主に幼少期に親から教育されるものである。しかし、食べ物にも物にも不自由しなくなった先進国では、欲望を抑制する体験自体が少なくなってきていると言える。また、個人主義、自由主義が力を持つ現代では、子供にも自律の原則が適用される傾向がある。教育というものは本来、人間の不完全を認め、自由を犠牲にし、知識や規則を身につけさせるものである。個人の自由は、教育とは相反する側面も持つことは自覚しなければならない。

人間には、確かに良心というものも存在する。しかし、それを漠然と期待するだけではだめで、教育制度や法的規制のような確固とした形にする必要がある。それがないと、現実生活の中でどうしても自由な欲望の方が勢力を持つことになるようである。

人間は皆、欲望に任せて行動するのであり、善行も欲望の一つの表れだと考える人もあるだろう。確かに人間の行動には背景となる意志や欲望がある。しかし、だからといって、善悪の概念や欲望のコントロールに意味がないということにはならない。善悪の概念は、欲望そのものではなく、欲望の持つ社会的意味において生じるのである。

6、全体の視点の再評価

これまでの話をまとめると、現代社会は個人の自由な欲望の追求を特徴とするが、今後は地球という系や人間の社会形態を維持するため、それらに一定の枠組みを設けるべきだということになる。ここで、誤解がないように言っておくが、私はこれまで築かれてきた人間の尊厳や人権を否定するつもりはない。必要な欲望は今後も尊重しなければならないが、社会に対して明らかに問題があるものには規制が必要だと主張しているのである。そのためには個人中心の視点を反省し、全体の視点を再評価しなければならない。

全体の視点の導入には二つの方法がある。一つは社会教育のような形で、個人の中に協調性の感覚や社会貢献の考えを養うことである。最近日本で検討されている、教育への奉仕活動の導入もこの観点によると思われる。長期的な効果は期待できるかもしれないが、最終的には教育を受ける個人が何を得るかは不確実であり、社会に好ましい効果が出るまでには時間が必要だと思われる。

もう一つの方法は、法律のような形で直接規制を行うことである。二酸化炭素排出量の制限等はこの立場によるものと思われる。少年法の罰則対象年齢を下げたのもこの方法だと言える。しかし、このような規制は問題が起こってからではなく、危険を先読みして設けるべきものである。法律や規則の創設にあたっては、前例や既成事実の蓄積が重要となるが、それがなければ対応がとりにくい現行制度には少し問題があるかもしれない。

このような全体の視点は、国家だけではなく、国際社会にも導入されなくてはならない。国家は統制と治安維持のための機構が比較的根付いているので、このような努力が必要なのはむしろ国際社会の方かもしれない。歴史的に、国家は「主権」として独立しており、他からの統制を受けにくい存在であった。国際連盟や国際連合のように、国家間の調整が強化されたのは比較的最近のことである。それでも、全体の「規制」である国際法より、国家間の「合意」に基づく条約が力を持っているのが現状である。国際社会というと、崇高な響きがあるが、まだ国際法の効力は、国内法に比べそれほど強くない。国家間の搾取、不平等は依然としてあり、国家間では民主主義は達成されているとは言えない。

私はこのような国際社会において全体の視点を養うには、社会主義的考え方が重要だと考える。社会主義国の多くが崩壊した現在、社会主義は間違った制度であったと考えられがちである。しかし、既に述べたとおり、社会主義の崩壊の最も大きな原因は経済における失敗であり、全ての問題に関して資本主義に劣っていたというわけではない。むしろ自由競争は、際限なき発展を前提にしている点で、地球という限られた系に対して負担が大きく、その点では社会主義の見地に立った計画的な活動が地球全体にとっては好ましいと考えられる。

そもそも、社会主義思想は一国ではなく、世界全体の運営のために生み出された思想だと考える。無益な競争をなくし、計画して生活していこうというのが社会主義なのであれば、それは大変良いことのように思われる。しかし、これまでの社会主義は適用範囲が一国にとどまったため、競争力のある他の資本主義国に破れることになった。その意味で社会主義は本来競争には適さない思想である。しかし、今のところ他に競争相手を持たず、欲望の拡大よりも、限られた系の中で慎ましく生活することが望まれる地球という系においては、社会主義的なものの考え方が必要だとも言える。

私は全ての国が社会主義的考え方をとるべきだと言っているのではない。国際社会では社会主義的考えが適しているのではないかということである。また、これまでの社会主義国のやり方を支持するつもりもない。過去の社会主義国の一部は、経済の失敗はやむをえなかったとしても、国家に反逆した者は強制収容所に送る一方で、共産党員には専用の高級デパートを設ける等、人間の尊厳の点から、かなりの問題を含んでいた。一部ではあるがこのような社会主義国の指導者達は、社会主義の名を借りて、結局は自己の権力欲を実現させていたのではないだろうか。それは、彼らが主張する資本家による搾取よりもはるかに大規模であったように思える。革命という過程の中では、他人と意見の調整を行うよりも、自分の信念を貫き通す人の方が、力を得やすかったこともあるかもしれない。ともかく、これまでの社会主義は本当の意味での社会主義ではなく、人間の欲望がむしろ異常な形で渦まいていた場合もあったように思える。

私は既に述べたように、社会主義的な全体の視点を高く評価しているが、今後適用する際には、慎重な計画と適正な評価が必要だと考える。自由競争との共存も念頭に置かなければならない。その具体的方法については第三章に示す。

7、第一章のまとめ

以上に述べたとおり、現代社会は「主体」に関する哲学的考察を基本とし、個人主義、自由主義、民主主義の三つの大きな思想を柱としている。そこでは「社会的に認められる欲望」である権利が重視されているが、その一方で、社会的善悪の概念を示す義務は不明解になってきている。これらの背景には、人間の欲望を肯定して進んできた近代の歴史がある。

現代社会が解決すべき問題としては、環境や資源の問題、科学技術の問題、国際平和や国際間平等の問題等があるが、いずれも人間の欲望を盲目的に肯定するのではなく、全体の視点から統制しなければ解決は難しい。本章での検討をもとに、第二章では社会全体で共有しうる善悪の概念を明解にし、第三章では、地球的視野に立ったいくつかの体制について提言したい。

第二章　価値観の共有

価値観共有の必要性

第一章では、現代社会は個人の自由を尊重した民主主義によって運営されていると述べた。しかし、本書の冒頭で述べたとおり、現代社会は個人の自由を尊重するあまり、具体的善悪の概念を示せなくなってもきている。現代倫理学でも、具体的善悪の概念と言えるのは「他者危害の禁止」だけであり、これさえ守れば、あとは何を行動の指針とするかは自由主義に基づいて「自律」に任されているのである。

しかし、倫理が有効に機能するには、何が正しくて何が間違っているのかをもっと具体的に示す必要がある。そしてその具体像は、できるなら社会全体で共有されなければならない。しかし、これまでの倫理学では倫理の持つ論理性や性格については詳しく検討されてきたが、具体的に何が善悪なのかは分かりにくかったように思える。例えば、カントは「汝の意志の格率が普遍的な立法の原理になるように行動せよ」と述べている。これは「人によって考え方（格率）はさまざまであるが、自分と同じ考え方を世の中の人全てが持っても構わないような考え方、それが善悪の概念であり、それに従って行動せよ」ということである。一方ベンサムは「最大多数の最大幸福」を提唱したが、これは「世の中の幸福の量が最大になるように行動することが善だ」ということである。また、日本では和辻哲郎が倫理学とは「人と人とのあいだの学問」だと述べているが、これは簡単に述べれば「倫理学とは、人によって異なる内部世界同士を調和させるための規則だ」ということである。いずれの場合も、善悪の概念を導き出すための法則や、善悪の概念の持つ性格についてはは述べているが、具体的に何が善で何が悪なのかは明らかにならない。そして前章で述べた通り、戦時においては、これらの法則や性格が国という狭い枠で適用された結果、戦争肯定の倫理が形成されたのである。

これまでにも具体的善悪の概念については検討されている。例えば孔子の時代には、徳、礼、孝、仁といった概念が善とされた。仏教でも八正道というものがある。しかし、これらの善の概念は、社会全体の価値判断に広く適応させるには不十分なように思える。提唱された時代や地域の文化を色濃く反映しており、普遍的とは言えない面があるからである。

もちろん、時代や地域を越えて完全に共有できる善悪の概念を示すのは難しい。しかし、さまざまな価値観が共存する国際社会においても、人道的見地等で共通認識を持つことは多い。本章の目的は、そのような文化の違いを超えた善悪の概念の具体像を大まかに明らかにすることである。細部については文化によって若干の違いが認められるのはやむをえないが、具体的にどのような概念で我々が判断を行っているのかを、たとえ大まかでも明らかにするのは有用だと考える。

前章で検討したとおり、このような善悪の概念に基づく人間の責務は義務と呼ばれる。カントによると、してはならない悪の概念は、完全に守らなければならないため完全義務と呼ばれる。これを禁戒と呼んでもよいだろう。一方、善の概念は、必ずしも守らなくてもよいため不完全義務と呼ばれる。勧められるという点で、これを勧戒と呼ぶこともできる。本章では共有可能な価値観の大枠を善、悪の順に示す。

1、善の概念

善の概念を示すにあたって、第一章の冒頭で示した根本的問いをもう一度思い出して頂きたい。それは「私とは何か」という問いであった。この問いは現代社会の基礎となっていることはすでに第一章で検討した通りである。この問いの背景には、世界を私の内側の「こころ」の世界である「内部世界」と、私とは独立に存在する「もの」の世界である

「外部世界」、そして認識を通して双方を結び付ける「身体」の三者に分けて考える世界観があった。この近代社会の根底にある世界観に従って善の概念を検討していく。

1－1、愛情

まず、内部世界の問題から考えたい。一般に善の概念とは内面の問題であるととらえられることが多い。そしてその最も代表的な概念となるのが、愛情（利他）である。従来、倫理学とは主に他者や社会との関係において何が正しいのかを考える学問である。その意味で、利他やそれを支える愛情は最も重要なテーマである。ところが、現代倫理学はどちらかというと個人尊重の立場に立っており、利他や愛情は倫理というより素人感覚としての道徳の問題であると考える傾向もあるように思える。それは、既に述べたように、利他の概念が国家の利益と結び付き、戦争の原因となり、それに対抗する形で広がった人権運動が現代倫理学にも大きな影響を及ぼしていることと関連している。もちろん、倫理学の中でも利他や愛情についての深い考察はあるのだが、逆に、あまりにも伝統的なテーマすぎて、学問的には注目されにくいのかもしれない。

しかし、人文科学や社会科学は自然科学と異なり、新しいことを発見することだけを目的とするのではない。歴史の中で受け継がれてきた人間のあり方を再確認することも重要な役割としている。その意味では、現代倫理学においても利他や愛情はもっと高く評価してよいのではないかと考える。

愛情とは他者や社会の利益を考えることである。時には、他者や社会の利益のために自分の利益を犠牲にすることもあるだろう。現代社会では、個人の独立が欲望の肯定と結び付き、どちらかというと自分の利益を中心に考える傾向がある。そのような現状の中でこのようなことを述べても、子供じみた理想論に聞こえるかもしれない。確かに現代社会は、個人と個人の利害関係で動いている面も大きく、その媒介として金銭が重要な役割を果たしている。しかし、家族関係や友人関係を考えれば分かるように、利他や愛情、信頼といった伝統的価値観も人間関係には必要であり、これらによる人間相互の束縛が人間の幸福とも関わっていることは既に述べたとおりである。

従来、このような愛情や利他の普及には宗教が重要な役割を果たした。愛はキリスト教の最も重要なテーマであるし、仏教では愛よりも価値観としての利他が重視されている。イスラム教でも神に対する敬虔な忠誠がある。その他世界中の多くの宗教でも愛情や利他は重要なテーマとなっている。現在の日本では、宗教の地位はあまり高くないが、これはそもそも近代国家の設立を目指した明治政府の方針による。逆に第二次大戦中は、これも政府の方針により神道が広められた。現在はそれに対する反省から、また宗教の位置づけは低くなっていると言える。宗教の中にはいかがわしいものもあるのは事実であるが、ただ否定するのではなく、意義を冷静に考える必要があるだろう。

利他や愛情の概念には二つの立場がある。一つは宗教で見られるように、利他や愛情を神や自然との関わりからとらえる立場である。この立場では愛情や利他は神から人間に与えられた任務であると考えられる。このようなことを言っても日本のように宗教色の薄い国では実感がないかもしれない。しかし、遺伝子操作や生殖医療について考える際に、それらが神や自然の規定に反するのではないかという感覚を持つ人は多いだろう。自然や神に対する畏敬の念は多くの人が潜在的に持っているようだ。

もう一つは愛情や利他を人間同士の関係から説明する立場である。代表的な考え方としてヒューマニズムがある。この立場では、愛情や利他は人間に備わった憐憫《れんびん》の情といった感覚に由来するもので、それが社会の中で相互に保証され、価値観として確立されていると考えることができる。現代倫理学はどちらかというとこの立場に立っており、神や自然との関わりを重視する場合は宗教倫理学と呼ばれる。私は、人間社会における宗教の意義は大きいと考えているが、宗教倫理学は宗教によってかなり立場が異なるし、現代社会では人間関係に基づく規定の方がより普遍的であると思われるので、人間関係に基づいて考えるようにしている。

利他や愛情を考える際には、同時に利己について考えなければならない。なぜなら双方は衝突することも多く、どちらを優先するかの判断に迷う場合も多いからである。利己についての詳しい検討は後の「健康」の項で論じるため、ここでは利他と利己の関係について検討する。

それには二つの考え方がある。一つは自分の利益よりも他者の利益を尊重するという考え方である。伝統的に利他といった場合にはこの考え方を指すことが多く、他者への無償の献身は最も崇高なものと考えられてきた。現代でもボランティア活動は盛んであるが、それもこの考え方の影響が大きいと言える。

もう一つの考え方は、自分の利益と同様に他者の利益を尊重するという考え方である。個人尊重の立場をとる現代社会ではこちらの考え方を支持する人の方が多いと思われる。確かに自分の利益を尊重しなくては生きていけないわけであるから、この考え方はもっともである。しかし実際には、自分の利益と同様に他人の利益を尊重していたのでは、自分の利益を追求するのに忙しくて、なかなか他者の利益を尊重する暇がないのが現状である。各個人の生活ではそうではなくても、社会全体として見れば、やはり社会は自分の利益を中心に動いていると言えるだろう。

社会主義国では、国民は私的財産が認められなくても、国家や社会のために努力すると考えられていた。しかし、実際にはそうでなかったから経済が活力を失う結果になったのである。個々の場合は別として、社会全体としては、人間はまず自分のために頑張ると言える。そうでない社会は、逆に思想的統制が行われている可能性が高いのではないか。

そのような現実の中で利他を実現するには、各人が場合によって他者の利益を自分の利益より尊重することに価値を見出す必要がある。そのような価値観を育てることに道徳教育の意義があると言える。もちろん、戦時の道徳教育に問題があったことは言うまでもないが、現代社会はもう少し倫理や道徳の教育に力を入れるべきだと考える。単なる倫理や道徳の教育は敬遠される可能性もあるため、高校生ぐらいの時に社会思想の要点について分かりやすく解説し、その上で奉仕活動等の実践を行うのがよいのではないかと考える。

本来、若者は大人よりも、何が正しいのかにずっと興味を持っている。子供の頃は親や社会を漠然と信頼しているが、成長するにつれ必ずしもそうとは言えないことに気付き始め、何が正しいのかを自分で考えるようになるのである。大人は現実に対応するのに忙しく、そのようなことを考えている暇がないか、それを忘れて自分の利益を追っているかの、どちらかが多いようである。若者を幻滅させているのは大人の方なのではないか。

利他と利己を両立させるのに最も好ましいのは、他者の利益を尊重することが自分の喜びになることである。望みもしないのに他者の利益を尊重しろと言われても難しいだろう。また、自分が楽しいと思っていなければ能率も上がらないことになる。仏教では、自分の喜びとして他者の利益を尊重することを菩薩行と呼ぶ。これは利他の一つの理想形と言えるだろう。

哲学ではこのような考え方は循環論法と呼ばれ、利他が正しいことの証明にはならないという。つまり、いじめるのを楽しいと思い、いじめられるのを楽しいと思う人の間にも同様な論理が成立するが、それはいじめが正しいということにはつながらないのである。哲学では何が真理なのかが厳密に追究されるため、このような論理だけでは愛情や利他が正しいことの証明にはならないのである。

しかし、現在までの哲学がたどり着いた結論は、究極の真理などないということのようだ。価値観は時代背景により絶えず変動し、この考え方が必ず正しいということは言えない。私もこの立場に立っており、ここで述べる善悪の概念も、時代を通してある程度普遍的と思われる、言わば暫定真理として挙げているのである。この観点からは、利他は別に真理として証明する必要はない。そして世の中で長く尊重されている愛情や利他を実現するためには、先に述べた循環理論は有効だと考える。

人間は攻撃性や優しさを併せ持った多面的存在であり、どのような価値観も人間の姿であることには間違いない。その中の特定の側面が善や悪の概念と結び付くと考えてよいのではないだろうか。

利他の尊重が自らの喜びにもつながることが望ましいのは間違いない。しかし、厳しい現実の中では、必ずしもこのような理想的な状態が許されないこともある。倫理的とは言えない考えが世の中の多数を占めることもあるだろう。このような場合には、厳密な戒めとしての倫理観がやはり必要である。皆がそうしていたからやむをえなかったということでは、倫理としての役割は果たせないのである。倫理とは、決してお人好しの学問ではない。だめなものはだめと強く言えなければ、単に時の権力に利用されるだけのこともある。自分のしていることを正しいと倫理学者が言ってくれれば、権力者は大喜びだろう。

長期的展望のもとでは短期的な利他や善を犠牲にしなければならない場合もある。例えば、他国が攻めてきた際、その国と戦わなければ、結局その国に占領されることになってしまう。現実は人間のさまざまな側面が複雑に絡み合って成立しており、必ずしも倫理的ではない。その中で倫理観を保つには、単なる優しさだけでなく、現状を冷静に観察する知性や強い信念も必要とされるであろう。

1－2、知性

次に外部世界の問題を検討する。この問題における善は、ひとことで言えば「知性」であろう。外部世界の情報を客観的にとらえることは現代社会では不可欠である。学校教育のほとんどはこの知性を教育するものである。現代文明もこの知性によって発達してきたと言えるだろう。物質的富も外部世界の要素と考えられるのでここに含めておく。物質的富はなくては困るし、あると嬉しいので、確かに善と言えるかもしれない。しかし、あまり持ちすぎると、どんどん次のものが欲しくなる傾向には注意が必要かもしれない。また、事実を広く伝えるマスコミの意義もここに含まれると考えられる。そして最も重要なのは、現代における知性の代表である科学である。

科学は外部世界を客観的に把握するための方法だと言われている。その条件としては、予言性、再現性、普遍妥当性が知られている。予言性とは学説によってこれから起こる現象を予言できるということである。再現性とは学説に従って何度同じ実験を組んでも同じ結果が出るということである。普遍妥当性とはその学説が普遍的に正しいということを指すが、これは証明しようがないようにも思える。現行の科学では、この三つの条件を満たすことが、客観的事実であることの証明とされている。

しかし、外部世界の情報を客観的に把握するとは、どういうことなのだろうか。既に検討してきたように、世界は我々の内部世界の中にあり、その点では全ては主観的に把握されると考えることもできる。科学において客観的把握といった際には、我々とは無関係に存在する外部世界が実在していることを証明しなければならない。

外部世界の存在を示すには二つの論理がある。一つは整合説と呼ばれるもので、外部世界の情報は、多くの認識者によって一致（整合）が見られるので、外部世界は存在し、その実像の把握もおおよそ可能だというものである。しかし、この説では外部世界の存在証明に、私の外にあるはずの他人を想定している点で矛盾があると言える。

もう一つの論理は素朴実在論と呼ばれるものである。簡単に言えば、外部世界なんてあって当たり前ではないかということである。ここでは外部世界の存在は当然の公理とされている。科学は主に後者の立場に基づいている。

こんなことを言っても単なる思考の遊びに過ぎないと考える方も多いかもしれない。しかし、理論物理学の最前線では一つの物が同時に二カ所に存在する等の現象も知られており、認識にまつわる問題が無視できなくなってきている。科学と認識との関係にはある程度の注意は必要だろう。

では科学はどのような認識方法で成立しているのであろうか。それは主に視覚によるものだと考える。グラフや表を作ったり、写真を出したりするのは視覚に訴えるためである。また、定量化というのも、数字として数えるわけであるから、もともとは視覚によるものである。科学において匂いや音を直接確認することは少ない。だいたいは測定器によって定量化するのが普通である。他の感覚は「アセトン臭」といった形で、文章の中に表現されることが多いようだ。しかし、これには学会や雑誌等に発表するという事情も影響しているだろう。しかし、科学は基本的に視覚に訴えるものだと言ってよいだろう。〝Seeing is believing.〟ということわざは科学についても当てはまる。

しかし、定量化、グラフの作成、統計処理といった科学の手続きは、時に錯覚をも生み出す。つまり、そのような手続きを経た表の情報に惑わされ、本質であるはずの裏の事実が見えなくなることがある。グラフや統計処理を経ていれば、あたかもそれが事実であるかのように錯覚することもあるが、大事なのはその裏にある事実を見抜くことである。

科学論文を見ていると、時におかしいと感じるデータに出会うことがある。理論的にそうなり得ないはずのグラフの曲線が書かれていたり、同じ実験を何回かした際のデータのばらつき（標準偏差と呼ばれる）が通常より明らかに小さかったりする場合もある。もちろん、実験操作に習熟していればデータのばらつきは小さくなるのだが、そう考えてもやはりおかしいと思うことがある。科学者の中には功名心が強すぎるためか、データに対する誠実さを欠いている人が時にいるようである。将来は公的に再実験の施設を作るなどした方が、お互いの信頼のためにかえってよいのかもしれない。

また、自然科学者の中には人文科学や社会科学を明解な根拠のない科学として軽視している人もあるように思える。こういう人は人文科学に属する倫理も軽視する傾向があり、時に倫理的に許されなかったり、社会的に有害だったりする研究を行う場合もある。既に述べたように、今後の科学技術の発達はかなり危険な側面も持っているため、科学者に対する倫理教育は重要な課題であると考える。

一つの解決法として考えられるのは、科学雑誌に論文を投稿し、レフェリーと呼ばれる審査者が、その論文が社会に対して重要な意義を持つと判定した際、著者に「役立つ応用(application benefit)」と「危険な応用(application risk)」を記載してもらうことである。そうすれば危険な応用を皆で監視し、未然に防ぐことができるかもしれない。

科学には一つ一つの結果だけでなく、それらの積み重ねによって作られる学説というものがある。また、現象を整理するための通用概念として、パラダイムというものがある。一度、何かの学説やパラダイムが形成されると、それに従って後続研究が行われる傾向があり、それを崩すのは非常に難しい。また、新しい現象も、まずこれまでに分かっていることで説明されようとする。しかし、優れた研究の多くは従来のパラダイムを崩したり、新しいパラダイムを作ったりするものである。

このような科学によって得られた知識を人間社会にどんどん活用していくべきだという考え方をプラグマティズムと言う。この考えは、人類は自由競争の中でどこまでも発展すべきだという考え方との関連も深い。確かに人類はこれまで科学技術を用いて現代文明を築いてきた。しかし、今後の科学技術は、既に述べたようにかなり危険な側面も持っている。この考え方は今後の社会においては、必ずしも適さないように思える。

1－3、健康

身体の問題として挙げられる善の概念は、ひとことで言うと「健康」である。身体的健康はもちろん、快楽の追求や苦痛の回避も健康の項に含まれる。

倫理学には快楽を中心に善をとらえる立場もある。しかし、ここで言う快楽とは、身体的快楽を得ることだけではなく、人に奉仕することで喜びを得る場合も快楽に含まれる。そしてお互いが快楽を与え合うことにより、社会的善の概念が定まるとされる。

そもそもあらゆる善悪の概念は、人間の脳という身体の一部に由来していると考えられる。以前は唯物論といってあらゆる物事を外的物質に還元して考えたり、逆に唯念論といってあらゆる物事を内部世界に還元して考えたりする立場があった。最近では、唯脳論といってあらゆる物事を脳内の神経興奮に還元して考える立場も出てきている。このとらえ方では、愛情も大脳旧皮質の連帯本能から説明できるし、攻撃性も前頭葉の興奮に由来していると言える。

人間の脳は大きく、大脳、中脳、小脳、脳幹に分けられる。これらの中で倫理学と関係の深い部分は主に大脳と脳幹であると考える。大脳は大きく新皮質と旧皮質に分けられる。新皮質は物事を判断したり、論理的思考を行ったり、言葉を喋ったりする能力と関わっている。旧皮質は感情や本能と関わるとされる。脳幹は呼吸や体温調節等の生命の維持に関わっている。

私は人間の生活にとって一番重要なのは脳幹ではないかと考えている。脳幹が発達している人は、苦労に耐え、人生を肯定する生命力が宿ると考える。最近、青年期のリストカットや過呼吸症候群が多くなってきているが、これは脳幹の機能低下によるものではないかと危惧している。脳幹の機能は身体的苦痛によって鍛えられるというが、最近ではあまり外で遊び回ったり、きついことをしたりすることがなくなってきているのではないか。人生を苦ととらえたり、絶望したりするのも、脳幹の機能低下と関わっているのではないかと考える。まず、生きていて楽しいのが一番である。

次に大事なのは大脳旧皮質だと考える。感情や本能を適切に発達させることは人間の生活にとって最も重要である。知的な論争は後に尾を引くことは少ないが、感情のもつれは致命的な対立を生むこともある。旧皮質の方が人間の生活には重要と言えるかもしれない。

新皮質はいわゆる知的教育に関わる部分である。現代社会でこの機能が重要なのは当然であるが、脳幹や旧皮質とのバランスが取れないと、異常な思想や性倒錯に結び付くのではないかと考える。ホモセクシャルは頭の良い人に多いとも聞く。教育は脳幹、旧皮質、新皮質とまんべんなく行うべきであり、あまり知的能力ばかりを気にする必要はないと考える。

善悪の概念を知的に考えることはもちろん重要である。しかし、善悪の概念は、そのような知的な検討をするだけのものではなく、感情や本能を通して直接体感するものだとも言える。そもそも知性は、感情や本能を通して感じ取ったものに知的表現を与えるのも一つの役割だと考えられる。実際、倫理学の中では憐憫の情といった概念が重要な役割を果たすこともある。これまでには戦争を肯定した倫理もあった。しかし私は、そのような倫理は、知的な面だけで考えた結果、通常の感覚からはかなり歪んでいたのではないかと考えている。

身体的エネルギーを用いて努力することも健康の一部と考えられる。あまり頑張りすぎて体を壊してはいけないが、勤勉や努力はやはり一つの善であると言えるだろう。そしてこのような身体的努力は、もちろん、人のために献身的に行うこともあるが、何か自分の目的と結び付いていることが多い。ここでやはり考えなければならないのは、ニーチェの哲学であろう。

ニーチェの倫理は人間が自己を実現しようとする生物としての健康な姿に着目している。ニーチェは、神への感謝や愛を説いた当時のキリスト教的倫理観に反発を感じていたと言われる。彼は「神は死んだ」と言った。そして、他人を打倒し、自己を主張するのが王の倫理であり、他人のために尽くすのは奴隷の倫理だと言う。こんなことを言うとニーチェの主張する倫理は反倫理的にすら見える。しかし、このようなニーチェの主張は、これまでの利他中心の倫理学に大きな衝撃を与え、人間の尊厳や個人の自由を尊重する現代倫理学にも多大な影響を与えていると言える。

ニーチェの主張は本当に反倫理的なのであろうか。試合で相手を打倒したボクサーに観客は酔いしれもする。また、自分の目標に向かって努力する人に周囲の人は少なくとも不快感は覚えない。これは自己を実現するという「生」のあり方に賛同しているからではないだろうか。確かに無益な争いは避けなければならない。しかし、争いが起こってしまった場合には、それに勝つこともまた良いとされる。これは自己実現という「生」のあり方によるものだろう。

ニーチェは農夫に鞭打たれる馬を見て「その馬を打ってはならない」と言って駆け寄り、狂気の世界に入っていったという。利他をあざ笑い、暴力をも肯定する彼にしてはその行為は一見不可解である。しかし、彼の思想からはこのように理解できるのではなかろうか。つまり、全ての生き物は自己を実現するために生まれてきたのに、他の者にそれを妨害され、苦痛の中で酷使されて生きていかねばならないものもいる。そのようなこの世の不条理を、彼は鞭打たれる馬に見出したのではないだろうか。

自立して生きる姿にも健康は見出せる。思えば人間は社会体制に乗っかって安穏と暮らしている場合も多いのではないだろうか。問題意識を捨て去って、多勢の中で危険を避け、利益を得ることに熱中しているのではないだろうか。もし、ニーチェがこの状態を見ればおそらく冷笑するであろう。

自己実現は健康なことだと述べた。しかし、この自己実現は悪とも結び付きやすい。他者に暴力をふるい、略奪するのも、多くは自己の利益を実現するためである。他人の痛みを理解せず、自分の意見を押しつけ、支配しようとするのも自己実現の一つであろう。自己実現は確かに善であるが、全面的に肯定することはできない。自己実現はあらゆる悪の根元にもなることは、常に自覚しておかなければならない。

生命とは本来わがままなものである。もし、わがまま勝手に振る舞うことができるのなら、それはその人にとっては健康なことなのである。ここでいうわがままとは何も他人を虐げることだけでなく、他人を愛し、いたわるのも、本人が望んでいる場合はわがままに含まれる。誰でも自分と同じ価値観を皆が持てばよいと思うし、人にそれを強制したくもなる。しかし、なかなかそうできないのが人間社会の難しいところでもある。そして現代社会は、個人の自由をお互いが尊重することでその均衡を図ろうとする。ある意味で現代社会は、規則は最低限にして、あとはお互いわがままにやりましょうというシステムをとっているのである。現代社会は主として生物学的法則に基づいて運営されていると言えるかもしれない。

健康について述べてきたところで、性の問題について触れておく。倫理と性というと一見無関係に思えるかもしれない。倫理という真面目な問題で、性という、どちらかというと恥ずかしい問題が出てくることに違和感を覚える方もおられるだろう。しかし、性と倫理とは非常に深い関連がある。真面目だった人が、異性との付き合いを経て、驚くほど変わってしまうのを見ることは多いはずだ。性といかに付き合うかは、その人の生き方を決めるものでもある。ここで倫理と性との関連について触れておこう。

性とはまず恥ずかしいものである。倫理という真面目な問題で、性を扱うのに違和感を覚えるのもこのとらえ方が関わっている。人間は自らを理性的であると考え、理性的でないものを話題にするのを避ける傾向がある。そしてこの恥ずかしい性を問題にすることは、長い間社会でタブーとされてきた。公然猥褻《わいせつ》罪は周りの人が恥ずかしい思いをするから罪なのであろう。

性の人間の考え方や行動に及ぼす影響は非常に大きい。うまく調節できなければ、異性関係や家庭生活等に悪影響が及ぶことは多い。歴史的にも性はタブー視されたり抑制されたりすることが多いが、その背景には性の力の大きさを認め、調節しようとする考え方がある。また、性は生命の誕生と結び付く点で、通常の楽しみとは明らかに異なる。扱いについては慎重さが必要である。

性欲の形態は非倫理的である場合が多い。ある意味で、理性的振る舞いの反動が性欲の形態に現れるのかもしれない。性欲の形態は普段の社会的役割と逆になる傾向もある。性欲には色々な形態があるが、理性的なものは少ない。歴史的に性をタブー視したのも、このような性の形態が、理性的であろうとする人間の嫌悪感を招いたからとも言える。

このような性に耽溺することは、人間の理性を薄れさせることにもつながる。あまり耽溺しているとそのうち考え方までも変わってしまう。性欲が満たされると、他の社会的活動への意欲が低下する傾向もある。あるインドの詩人は「男性の幸福は社会で自己を実現するか、美女の胸に抱かれて眠ることだ」というような言葉を述べている。女性についても同様のことは言えるだろう。しかし、両方を求めることができるのはかなり器用な人であって、だいたいの人は片方が満たされると、もう片方への意欲は減る傾向がある。性のような大きな快感をもし楽に得ることができれば、真面目に努力するのがばかばかしく思えるようになるだろう。異性の獲得においては、真面目さだけでなく、器用さや、言い方は悪いが、調子の良さも必要とされる。異性の獲得は誰にとっても重要な問題であるため、その過程において真面目さを捨て、調子の良さの方を身につけることも多いように思える。禅の修行においては、性はこれまで積んできた徳を全て無駄にしてしまうほどの力を持つとされている。これは性的エネルギーを悟りの原動力にすることと関係していると思われ、一般に適用することはできない。しかし、性が何らかの高次の価値観を邪魔するものであるというとらえ方は、歴史を通して多くの文化で見られる。

青少年の性の乱れは深刻な問題である。今の日本のように、青少年が二、三カ月で付き合う異性を替えるような状態は、歴史的にも例がないのではなかろうか。どこの国でも、早い遅いの差はあっても、しっかり相手を選ぶのが普通である。もちろん、そのような交際の中で何か得るものはあるのだろうが、一度緩めた抑制は元に戻すのは難しい。将来の家庭生活に重大な影響を及ぼす危険がある。

このような青少年の性の乱れは大人社会の反映でもあり、青少年だけを責めることはできない。援助交際という名の少女売春では、買う側の大人のモラルにも大きな問題がある。このような性に関する社会現象は、社会全体として性に関する認識が甘いことを反映していると考える。このような性に関する問題は、性教育の実施である程度防げたはずであるが、実際には、日本の性教育は諸外国に比べかなり遅れている。日本に性教育を普及させたい方は、問題山積の現在が逆にチャンスだとも言える。

私が性についてここまで強調する理由は、性と倫理との結び付きが強いからである。特に青年期は人格の形成期にあたり、この頃の性の問題は特に重要だと言える。私は人間の持つ欲望をコントロールするのが倫理であると述べた。そして欲望の中で最も一般的で、かつ倫理的規範を緩める効果が大きいのが性欲であると考える。性的欲望は生物としての生殖とも関連が深く、他を無視してもそれを満たそうとする傾向があるからである。先に述べたように、異性との付き合いを経て、時に人間が大きく変わってしまうのは、性的欲望がこれまで築き上げた人格全体にまで大きく作用した結果だと言える。私は、フロイトのように人間の行動の多くを性が支配しているとは思わない。倫理との関連で重要だと言っているだけである。人間には性と結び付いた潜在意識というものが確かにあると思うが、性とは無関係な表層の情報に左右されることの方がはるかに多いと考える。

権力と性の話にも少し触れておく。昔から「英傑色を好む」という言葉がある。男性の権力欲は性的力との関連が強いようである。人によってさまざまだとは思うが、男性は性的力が衰えると社会的力でそれを補おうとする傾向がある。私だっていずれはそうなるかもしれない点で同じである。この点から、政治家にもやはり定年制は設けるべきではないだろうか。権力者の高齢化は強権的な支配体制につながりやすいと考える。もちろん、これまでに作られたその人の権威からなかなか脱却しにくいという面はあると思う。しかし、定年制を設けておけば、前もって体制の移行にも注意を払うようになるはずである。定年後は現体制に対して勧告や警告を行うような後見制度を設けてはどうだろうか。

ここまで、どちらかというと性の悪い面ばかり挙げてきた。しかし、性には当然楽しみとしての側面もある。異性との愛情を深める際にも、性の果たす役割は大きい。『カーマ・スートラ』等では愛欲の追求は人生を豊かにすると説いている。しかし、それは決して無節操なものではなく、既に述べたような性の弊害に関しては厳格な規律も設けられている。性そのものは善とも悪とも言えず、どちらになるかは用い方次第である。ただ、ここで問題にしているのは倫理との関連なので、忠告めいた話が多くなったのはお許し願いたい。

性に関しては皆、独自の信念や哲学を持ち、こだわって生きている。扱いを間違えば身を滅ぼす結果につながるし、逆に問題が起こらないようにすれば、人生を豊かにすることも可能だろう。周りに何の迷惑もかけないのであれば、それは倫理というよりは趣味の問題である。

次に人間の心理学的側面について簡単に述べる。ここでは愛情について検討することにする。心理学的には愛情は所有欲と結び付くという。相手のことを思うということは、相手に自分のものになって欲しいということである。また、相手に愛情を持つということは、自分と同じ道を歩き、利害や苦楽を共にしたいということでもある。その点で利他は利己とも深く結び付いている。これは愛情を決して低く評価しているのではなく、愛情とはそういう性格を持つということを述べているだけである。

愛情を持つということは自分の中に相手を受け入れ、相手に働きかけるということである。相手から干渉されなくなったということは、ある意味でその人からの愛情が冷めたということでもある。愛情の強さは自分の中で占める相手の存在の大きさにより、強い愛情は相手のために死をもいとわないぐらいの力を持っている。

個人の独立を尊重する現代社会にあっては、他人の内面に深入りしないのは一つの徳ともなっており、人によってどの程度個人の独立を尊重するかはさまざまである。相手の独自性を尊重し、自由にするような愛情もあるだろう。人によって愛情の形はさまざまであるため一概には言えないが、人間に感情として備わった愛情は、どちらかというと支配的な性格を持つということは言えるだろう。そして皆が同じ人間として支配し合い、仲間意識を持つのが、人間愛としてのヒューマニズムでもある。

国家とか神への愛を説く人の中には、それらに自己を投影しているだけの場合もある。国家や神の名を借りて、自分の欲望を主張しているのである。過去には、国家の利益や公共の福祉の名のもとに、国の指導者達の個人的欲望に付き合わされる場合も多かったのではないだろうか。こういう人は自己の責任を問われると逃げ回る傾向があるので、それでだいたいは鑑別できる。もちろん、態度が立派でも政治的手腕がなければ国や社会のことは任せられない。

以上、心理学的問題について主に愛情との関連について簡単に触れた。他に攻撃性等についても詳しく検討することもできるだろうが、それは心理学の本を参考にして頂きたい。また、ここで心理の問題を身体の問題として挙げていることには注意して頂きたい。現代の心理学は医学に由来することもあり、人間を心理的動物として見る立場に立っているように思える。それは古くからある文学的な人間把握とはかなり異なっている。それは確かに間違いではないし、そういう見方をすることは重要である。しかし私は、人間は確かに動物ではあるが、何が正しいのかを真剣に考えてきたことをもっと高く評価すべきだと考える。私の尊敬する精神科の先生は「患者は老若男女を問わず診なければならない」とおっしゃった。しかし、そんなことは心理学の教科書にはどこにも書いていない。

人間は猿という動物である。動物として持つ欲望が時に愛情となったり、攻撃性となって表れたりするのだ。ただスーツを着たり、化粧をしたりして、ありのままの姿を隠しているところが他の動物と違うところである。人間と動物の最も明らかな違いは、人間だけが服を着ているところにあるのではないか。旧訳聖書には、アダムとイブはもともと裸で暮らしていたが、禁断の果実を食べた後に裸であることを恥ずかしいと感じるようになったと書いてある。恥ずかしいと思うのは人間にとって非常に重要な感覚のようだ。人間の特徴は、自己の欲望をあまり露骨に表さず、ある程度調節しようとするところにあるのかもしれない。倫理学もその一種である。

とある高名な精神分析学者は自分の研究室に巨大なゴリラのぬいぐるみを置いているそうである。人間をゴリラ呼ばわりするなんて失敬な話だが、人間は動物としての側面を持ち、それらが重要な役割を果たしていることは事実だと言えよう。そして、人間社会の精神文化はどちらかというと、そのような動物としての欲望を抑制したり、適切な形を与えたり、束縛しようとするものだったと言える。欲望を肯定して発展する現代社会ではこのような精神文化は滅びつつある。物はあるが心は貧しいのが現代社会の特徴である。

1－4、共感

これまで、内部世界、外部世界、そして身体の三つに分けて善の概念を検討してきた。次に人と人との内部世界の交流について考えたい。この観点からの善は、「共感」と言い表せるだろう。

共感は善の要素の中でも比較的新しい要素である。二度の世界大戦の反省から、これからは思想、信条が異なるもの同士が共生しなければならないと言われるようになった。これまで人間は何らかの普遍的な真理を求め、自分達こそがその具現者であるとして、周囲を支配しようとしてきた。しかし既に述べたように、少なくとも現代社会においては、普遍的な真理はないというのが結論のようである。色々な人が色々なことを言うが、それにはそれなりの理由がある。お互いが話し合うことによって、利点や欠点を認め合わなければならない。哲学の世界にもコミュニケーション論というものがある。ただし、ここで共生が大事というのは、どんな人の言うこともそのまま認めるということではない。愛情や知性といった他の善の要素には常に照らし合わせ、だめなものはだめと言えなくてはならない。

共感は知的共感と感情的共感に分けて考えることができる。身体的共感もあるだろうが、ここでは前二者について検討する。知的共感とはひとことで言えば、話し合うことである。個人の独立と自由を尊重する現代社会では、この話し合いは非常に重要な役割を果たす。相手に対する尊敬と礼節を持って付き合うことは、古くから紳士淑女のたしなみであった。現代でもそれは同じであろう。

感情的共感とは相手と痛みや喜びを分かち合うことである。一般に知的な人は、知性で人と付き合おうとするため、感情的共感が苦手な傾向がある。学校では知的教育が中心であるため、私も大学を卒業してしばらくはこの感情的共感はあまり得意ではなかった。しかし、人と協力して仕事をする上では、皆と同じ立場に立って感情を共有することも重要だと考えるようになった。仕事上（私は医師であるが）患者と家族の病気による苦痛や、治った時の喜びに接することが多かったことも影響している。人間社会では、知的に優秀な人は官庁や優秀な企業等に集中することが多いが、そのような状況ではこの感情的共感が鈍ることもあるのではないか。

ヘーゲルはこのような感情の共有を「愛」と表現している。しかし、私は愛情と共感を分けてとらえている。相手のためを思い、愛情を持ちながらも、共感によってそれを素直に表現できない人や、愛情はあっても人の言うことを聞かない人はたくさんいる。逆に人の内面を把握するのは上手だが、相手に対して愛情を持っていない人もいる。愛情と共感は別物であろう。

昔から人間社会では義理と人情が大事だと言われている。義理とは倫理学的姿勢を指し、ここで言えば、知的共感による紳士淑女の態度にあたるだろう。人情とは、ここで言う感情的共感にあたる。最近の傾向としては、知的共感よりも感情的共感が優勢になりつつあるようである。別にそれ自体を誤りというつもりはないし、感情的共感も重要である。しかし、この傾向は人間の知的能力の低下や、欲望の調節能力の低下とも関連しているように思える。

また、現代社会で広がりつつあるこの感情的共感は、喜びの分かち合いが主体であることを指摘しておきたい。豊かさの中ではそれも結構なことである。しかし、そのような享楽的な態度だけでよいのであろうか。喜びだけでなく苦痛を分かち合うことも、人間関係を強固にする上で必要なのではないかと考える。現代人は、困難を前にすると、皆、共感などやめて自分の利益の確保にまわるのではないかと危惧している。

愛情のところで既に述べたが、現代社会では人の内面にはあまり深く立ち入らないのが一つの徳にもなっている。プライバシーの権利は、その観点によるものだろう。むやみやたらと人の内面に関わるものではない。心理学者の中には、人の内面について必要もないのに勝手なことを言う人もいるが、これはかなり失礼な行為ではないかと考えている。

最後に共感と関連して孤独について触れておきたい。人は他者との関係の中だけに生きているのではない。自分一人で孤独になることも時には必要である。困難や失敗に際しては、周りがとやかく慰めるよりも、そっとしておくことが重要なこともある。孤独の中で自己を見つめ、整理することの方が、自我の形成においてむしろ重要な役割を果たすとも言えるだろう。子供は一人遊びが好きである。孤独の中でのイマジネーションが創造や芸術に生かされることも多い。人間は成長するにつれだんだんと、自分の世界を離れ、他者との交流を持つようになるが、実際にはその両方が重要なのである。

1－5、規律

善の概念について、これまで内部世界、外部世界、身体、そして内部世界間の交流について述べてきた。次に多くの内部世界を含んだ総体である「系」の状態について考えたい。それは「規律」という言葉で表される。系が混乱しないように、規律によって整理整頓することも善の重要な要素だと考える。

規律の具体例として、まず考えられるのは法律であろう。当たり前のことだが、社会の安定は法律があるから保たれているのである。もしなければ大変な無秩序状態になり、人間社会の幸福の総和は確実に低下するだろう。もちろん、悪法というものもあるが、多くの法律は法哲学に基づいて倫理的に構成されている。

社会の規律である法律以外に、自分という系の規律である「自律」もある。個人の独立と自由を尊重する現代社会では、自律は重要な概念となる。法律的にも、特に民法では、自律は重要な概念となるようだ。刑法は主として他者に対して危害を加えた場合を対象にしており、ここでは自律を廃した刑罰が重要となる。人間の諸活動は民法の対象になることが多く、現代社会を運営する上で、自律は重要な概念となっている。しかし私は、この自律という概念にはかなり懐疑的である。

現代社会は、「私とは何か」という問いから発していると述べた。しかし、このような問いを発して結論を出すには、常識的人間よりもかなり強い自制心が必要だったと思われる。そのため、この問いを基礎に構成された社会では、しっかりとした意志と自己主張、そして自己調整能力を持つ人間像が前提となっているように思える。

しかし我々は、本当に自分を律することなんてできるのだろうか。人間には困難な状況で自分を見失うこともあるし、詐欺やいかがわしい宗教に引っ掛かることもある。私も、仕事があるから朝布団から抜け出すのであって、休みの日には満足するまで寝ていることも多い。現代倫理学でも判断能力については詳しく検討されているが、幼い子供や重度の精神障害者、痴呆の症状のある高齢者などのように、明らかに判断能力がないと思われる場合の話であって、ほとんどの人は十分な判断能力があることになっている。しかし実際には、完全に自分を律するのは、よほどしっかりした人でないとできないのではないだろうか。また、たとえ自律できたとしても、それはもとから自分にあったわけではなく、もともとは親や学校、そして社会という外部から学んだものではないだろうか。

既に何度か、生物としての人間はわがままであり、現代社会は動物的であると述べた。現代社会で自律が重視される背景には、もちろん、個人の独立と自由の尊重があるが、それ以外に、わがままにやりたいという欲望もあるような気がする。現代社会で自律を重視すること自体を誤りだという気はない。しかし、規律とは本来、他者や社会から課される他律なのだということを忘れてはならない気がする。

古くからある議論に性善説、性悪説がある。私は善悪の概念は主に他者や社会における意味から生じると考える。あえて挙げるとするならば生を肯定する「健康」だけが他者や社会との関わりと関係が薄いかも知れない。他者や社会の存在を理解しているとは思えない赤ん坊が善悪の概念を持つとは思えない。その意味で性善説も性悪説も支持しない。生の肯定という立場からは新しい生命を無条件に肯定できるし、赤ん坊に対する周囲からの愛情は人間社会を根底から支えているのは間違いない。ただ、生まれたままの赤ん坊は自分の欲求に基づいて行動すると考えられるため、どちらかというと利己的であると言える。もちろん、これらの欲求には将来他者や社会に役立つものも含まれる。しかし、どのような欲求を持つ人間に育つかは、環境や教育といった外からの情報の影響によるところが大きい。

他者や社会に対してどういう欲求が役立つのかはこれまでの蓄積があるのだから、それを他律によって教育する必要はあるのではないかと考える。私は人間の精神文化は、どちらかというと人間の持つ欲望を律するものであると既に述べた。しかし、欲望を中心に動く現代社会では、このような精神文化は滅びつつある。神に対する忠誠を誓い、戒律を厳密に守っているイスラム教徒や、その他、厳密な生活規定に従って生きている人々が、ある意味で一番人間らしいのかもしれない。

人間は確かに尊重しなければならないが、手放しに信頼するのは危険である。戦争は人間が起こすのだし、今度世界大戦が起こって核兵器が用いられれば、地球は終わりかもしれない。バイオテクノロジーを用いれば人間と猿の〝あいのこ〟だって出来るだろう。そうならないようにするには規律が必要だし、それは個人の自由に基づく自律ではなく、厳密な他律の形をとるべきである。

中国の古典的政治学に『韓非子』というものがある。ここでは、政治体制は人間相互の信頼関係よりも、守らずにはいられないような体制を作ることによって初めて安泰になるとされている。この考え方は主として戦国の世の話であり、平和の中で通常の人間関係に用いることはできない。しかし、政治体制を考える際にはこのような『韓非子』の視点は不可欠だと考える。漠然とした人間信頼に基づく自律を過度に尊重する社会は、おそらく無規律へと進んでいくであろう。自由な繁栄を目指す時代はもう終わったと言え、これからの時代には、再度規律が求められるのではないだろうか。

1－6、創造

次の善の概念として、新しいものを作り出す「創造」について検討する。我々は科学技術の恩恵を受け、芸術を楽しみながら生活しているが、それは誰かが過去に苦労をしながら創造したものである。この創造がなければ人間社会のこれまでの発展はなかったであろう。社会にとって創造は不可欠な善だと言える。

創造というのは原則として周りから離れて自分で行うものである。もちろん、相互作用によってイメージを膨らませ、共作することもある。しかし、相互作用もお互いが独自性を持つから生まれるのであり、その意味では、創造とは原則として一人で行うものだと言える。

既成の概念にとらわれず、自分独自のものを打ち出すには執念が必要である。私は大学在学中に、試験管にごくわずかのホルモンを精製するため数千頭の豚を集めた科学者の話を聞いたことがある。発明とか発見というものは大変な忍耐力を要するもののようだ。しかも重要なのは、必ずしも結果が出るとは限らないということである。既成の知識の勉強というのは、やればやっただけ自分の身になるが、発明や発見のための研究は、失敗すれば原則として努力は無駄になってしまうのである。アメリカはこのような創造に対してかなりの費用をかけてきた歴史があるが、日本は外国での発明や発見を応用するのが中心であるとも言われている。

創造は心理学的には男性性との関わりが深いと言われる。本来、男性も女性も男性性と女性性の両方を持っている。だから男性のみが創造でき、女性はできないと言っているのではない。しかし、創造に関わるのは主として男性性のような気がする。さらに言えば、男性性は絶対的、女性性は相対的である。確かに男は「俺は俺」と言い、女性は周りを気にする傾向はあるだろう。別に男性性と女性性のどちらが重要というわけではない。双方それぞれの利点と欠点はある。しかし、新しいものを創造するには、周りを気にせず、自分独自のものを追い求める男性性が重要だと考える。一方、女性性は本質を見抜く力と関係していると言われる。「女の勘」という言葉を聞いたことはあるだろう。創造においてはこのような女性性も必要とされるであろう。

一般に独創性とは天性のものだと考えられがちである。しかし私は、それは誤りだと考える。確かに自閉症の子供が時にある分野で大変な能力を持つことを考えれば、多少は先天的な要因もあるかもしれない。しかし、既に述べたように人間は幼少時の自分の世界から次第に外界との交流を増やしていき、次第に関心の対象が外界中心になっていく傾向もある。他者からの評価が気になるのもその一種であろう。このような成長の過程において、外から与えられるものだけを気にせず、独自性を保てるかは、本人の心がけによる部分も大きいのではないだろうか。

独創性を持った人は多いが、自分でそれを磨こうとしなかったり、周りにすぐ影響されたり、そして何よりも根気がないために、芽が出ない場合が多いように思える。人間は若い頃は自分の独自性を追い求めるところがある。しかし、厳しい現実の中でそれを達成するのは非常に困難なことなのであり、結局、やすきに流れているところがあるのではなかろうか。

　また、本当に役立つ創造をしようと思ったら、人間がこれまでに蓄積してきた知識を勉強する必要もある。これもまた労力のいる仕事である。しかし、その中にあっても自分の独自性は保ち続けなければならない。哲学者のショウペンハウエルは『読書について』という本の中で「読書は人の頭で考えることである」ということを延々と述べている。自分で考えることが重要なのだということをよほど強調したかったのであろう。

　本当に新しいことをする人はなかなか評価されにくいところがある。今までにないことをするわけであるから、その価値に気付かれにくいのである。全く理解されなかったり、その時代から攻撃されたりして、不幸な一生を送る場合もある。ニーチェは晩年、精神病院で過ごしたし、シューベルトに至っては餓死している。ベートーベンやモーツァルトもあまり幸福だったとは言えない。科学の分野でも、新学説は学会から攻撃されることも多い。逆に、新しいことが時代の必要性とうまく合致し高く評価されれば、幸福な生活を送ることもできるだろう。

　しかし、本当の評価はその人の死後に行われると考える。気のきいた人は伝記や歴史書を操作して、死後も自分の評価が落ちないようにしている場合もあるだろう。哲学者の梅原猛氏の言葉に「天を見て仕事をせよ」というものがある。スポーツ、文芸など、どのような分野においても、本当に好きで仕事をしている人は、周りの評価はあまり気にしないものなのかもしれない。

1―7、地位

善の要素として最後に「地位」を挙げたい。多くの人が社会システムの中でより高い地位を得たいと望むことを考えると、地位は善の一つの要素であると考えられる。また、高い地位についているからこそ社会的に意味のある仕事をすることができるとも言える。ここで地位について、現代社会の特徴とも関連させて簡単に述べたい。

高い地位にあるということは、それに見合った権力を持つということでもある。社会システムの中でより地位の高い者がその社会で決定権を持つことは、システムの維持を考えれば自然なことである。もし何の地位もないのであれば、その社会は統制を失い、ばらばらになってしまうであろう。地位のあるものが、それにふさわしい権力や権限を行使するからこそ、その社会は機能するのである。

高い地位につき権力を持つということは、それに伴う責任を負うことでもある。社会は高い地位にある者に奉仕するためにあるのではない。社会の運営がうまくいかなくなった場合は、社会の構成員は地位のある者にその責任を問うことになる。古くは王家の交代や革命等、現代社会では辞職等で、地位の高い者はその地位を追われ、責任を取ることになる。地位が高いことは、権力や富を得るという良い面だけに限らず、それにふさわしい責任も負っているのだということを忘れてはならない。

前章で述べた通り、民主主義社会では自由とともに平等が重要な概念となる。この平等という概念は、端的に考えると地位とは反対の概念であるはずである。しかし、民主主義社会でも制度上さまざまな地位が認められている。もし構成員が完全に平等であるのなら、全てにおいて直接民主主義体制を採用すべきであるが、多くの場合では、民主主義体制の中でも定められた地位にあるものがその権力を行使して、社会の運営を進めている。これは、社会が円滑に運営されるには、地位を必要としていることを示している。

前章でも触れたが、フランシス・フクヤマ氏は、人間には平等願望と優越願望があり、優越願望の方が社会の発展に貢献すると指摘している。地位を得るために必要な努力が、社会を発展させる原動力になっていると言えるだろう。もし、何もかも平等なのであれば、社会の構成員は向上心をなくしてしまうとも考えられる。また、生活が豊かになってくると、人は平等な生活の中に安住し、立身出世して高い地位や豊かな生活を求めようとはしなくなる傾向もある。最近のアンケートでは、日本の国民は社会に役立つ仕事をするよりも、個人生活の充実を考えるようになってきているが、これは生活が豊かになり、平等願望が強くなった結果と言えるだろう。

地位には、大きく分けて王侯貴族等の血縁に基づき世襲されるものと、平等な立場から業績を上げることによって得る一代限りのものがある。民主主義社会の中では前者は形骸化し、後者が主要になってきているようである。それは近代の歴史から考えれば当然なことのようにも思えるが、私は前者の地位も軽視することなく、その歴史的役割を評価すべきだと考える。

1－8、善の概念のまとめ

以上の「善」についての検討を簡単にまとめておく。内部世界における善としては、他者への「愛情」が挙げられる。外部世界における善とは「知性」である。現代の科学文明はこの知性によって作られたと言える。身体における善とは、ひとことで言えば「健康」である。身体的なもの以外に、生物としての自己実現もこの中に含まれる。しかし、この自己実現は、あらゆる悪の根源にもなることを忘れてはならない。欲望や心理学的問題もこの健康の範疇に入ると考える。内部世界同士の交流の問題としては「共感」が挙げられる。共感と相反する孤独も自己形成や創造において重要である。系全体の問題としては、混乱を防止するための「規律」が挙げられる。現代社会では自律が重視されるが、本来規律とは他律であることも忘れてはならない。これまでになかった新しい何かを「創造」することも善の一つの要素と言えるが、これは大変な労力を要する作業である。最後に、人間が作り上げた社会システムの中での「地位」が挙げられる。地位が高いから社会的に重要な仕事ができ、またそれに伴う責任も問われるのである。

おおざっぱに言えば、善の具体的概念とは「愛知健共律創地」と表されるのではないだろうか。特に重要なのが「愛知健」で、これは善の三要素と言える。次の「共」と「律」を足して善の五要素、「創」と「地」を足して善の七要素と言えるだろう。もちろん、他にも善の概念は考えられるかもしれない。例えば「美」なども善ではないかと考えられる。

しかし、美には内面的、外面的、身体的等さまざまなものがあり、ほとんど善と同じ意味を持つと考える。「豊かさ」も同様であろう。私がこれまで考えてきた結果としては、だいたいの善の概念はこれらのいずれかに含まれるような気がする。もし、これは含まれないというものがあれば教えて頂きたい。

2、悪の概念

ここまで善の概念について検討してきた。これは守るのが望ましい不完全義務または勧戒と呼ばれるものである。次に悪の概念について検討する。これは破ってはならない完全義務または禁戒である。不完全義務よりも厳密性が高いため、対象となる概念も少なくなる。では、悪の概念について検討を開始する。

2－1、他者危害

悪の概念としてまず思いつくのは「他者危害」である。現代倫理学では具体的善悪の概念と言えるのはこの他者危害だけであるという。既に何度も述べたことだが、他人に直接の危害を加えない限り、何をしても自由なのが現代社会なのである。他者危害について、便宜上、内面的危害、外面的危害、身体的危害に分けて話を進める。

まず、内面的危害から検討する。最も一般的な内面的危害とは人の心を傷つけることである。引け目を感じていることを指摘したり、逆に誇っていることをけなしたりすると、相手は傷つく場合が多い。もちろん場合によっては、相手を傷つけても事実を伝えなければならないこともあるだろう。人間は事実の中で強く生きていかねばならず、必ずしも内面的幸福だけに頼って生きているだけではないからである。

次に挙げられる内面的危害は裏切りである。裏切りとは自分の仲間に対して、自分の利益のために何らかの危害を加えることである。世の中には悪事を働く団体もあるが、彼らの中でも仲間同士の裏切りは最低の行為とされている。「裏切り者は消せ」という言葉を聞いたことのある人は多いだろう。同じ思想を持ったり、共に生活したりする者同志の間には仲間意識が生じる。愛情とは言えなくても連帯感はあるはずである。そのような連帯感を阻害する者は、その組織や社会からは除名されることになるのである。

世の中には裏切りの哲学を持つ人もいる。自分の自己実現のためなら裏切りも肯定するという哲学である。ニーチェの影響を多大に受けていると思われる。しかし、私はおそらくこのような哲学を掲げる人はもともと仲間など持ったことがないのではないかと考える。仲間がいないのだから、裏切ったことはあっても、裏切られたことはないはずだ。そのため裏切られることの痛みは知らないはずである。もし「裏切りの哲学は正しい」と考える者同志が集まって「裏切りの哲学学会」を結成したとする。しかし、その学会員が影で倫理学会と密通していたら、「あいつは裏切り者だ」といって学会から除名することになるだろう。裏切りの哲学を掲げる人は一人で生きており、信頼したりされたりという経験のない人なのである。

次に外面的危害について検討する。まず挙げられるのは、人の所有物を盗んだり、壊したりすることであろう。所有の概念については主に社会学で詳しく検討されているが、人の所有物に危害を加えることは、それを所有する本人に対して危害を加えるのと同じだと考えられる。また、個人の物でなくても公共の物を盗んだり破壊したりしてもいけない。自然破壊もその一種と言えるのではないだろうか。

次に挙げられるのは嘘をつくことであろう。事実を偽って相手に伝えることは原則として悪だと考える。もちろん、「嘘も方便」という言葉もある。この言葉は、嘘をついた方が相手や社会のためになる場合を配慮してのことだろう。しかし、本当に相手や社会のためになるかの判断は実際には非常に難しいのであり、この言葉を使って自分を守っている場合も多いのではなかろうか。嘘を言ってはならないといっても、やはり程度がある。日常生活の小さな嘘は、必ずしも完全義務とは言えないであろう。正直であることの方が不完全義務なのかも知れない。しかし、人をだまして自分の利益を得るような詐欺となると、完全に禁止すべきだろう。言いたくない事実がある場合に「何も言わない」というのは賢い解決策である。私も「聞かれたら答える」という態度を取ることは多い。

身体的危害として挙げられるのは、人に肉体的苦痛を与えたり、場合によっては殺したりすることであろう。当たり前だが、殺人や傷害は犯罪として罰せられる。それに疑問を感じる人はいないであろう。しかし、興味深いのは、戦争においては殺人や傷害が認められ、場合によってはそれを行った者が英雄として讃えられることである。既に何度も述べた通り、過去の戦争は国家という狭い枠組みの中で公共の利益の名のもとに肯定されてきた。多くの戦争や紛争は、国家や団体の利益を拡大し、守るために行われてきたのである。そのため、その系の中では戦争は善として肯定されるわけである。

戦争はだいたい男が起こすものである。従来、紳士同士の戦いでは、敵の人格を尊重するところがあった。旧国際法でも、各国に戦争をする権利は認めても、捕虜には危害を加えてはならないことになっている。日本でも上杉謙信が武田信玄に塩を送ったという話がある。現代では兵士というと、危険なイメージが中心かもしれないが、過去には自国を守るために命を捨ててでも戦う勇気が讃えられてもいた。

つまり、歴史的に戦争とは思想信条の違いがある紳士同士が自己実現を競い合うものであったのだ。かつての戦争とは、〝真実は我にあり〟という者同士の戦いであって、そのような真実を持つ者として、少なくとも表向きは紳士的な態度で接してきたのである。またかつては、戦争は兵士同士が行うものであり、市民は戦争には巻き込んではならないことになっていた。近代戦争の中で初めて市民に対して大規模な攻撃を加えたのはナチスであり、それに憤慨してピカソが描いたのが、名画『ゲルニカ』である。

現在の国際法では、紛争の解決に戦争を用いるのは禁止されている。系の利益の問題だけでなく、戦争そのものを悪だととらえるようになったと言える。これは大きな進歩である。しかし一方で、勝つためには街や市民を攻撃するのは当たり前になってきている。昔の戦争に比べて地上戦だけではすまなくなったという事情もあるかもしれない。しかし、現代社会では、次第に紳士的態度が薄れてきているような気もする。

最後に、罰としての危害について触れておこう。先に国家や団体のためには、暴力行為である戦争も肯定されると述べた。それと同じ理屈で、社会のために害をなした人物に対しては罰としての危害が肯定されている。内面的罰としては刑務所に入れることによる自由の拘束、外面的罰としては罰金、身体的罰としては懲役や死刑があるであろう。現在死刑を廃止しようと運動している人もいる。彼らは、死刑による犯罪防止効果は疑わしいし、何よりもそんな残酷なことはすべきでないと言う。犯罪防止効果の有無については、現在死刑が密室で行われていることも関係していると考えられる。昔は、公衆の面前ではりつけにする等も行われていたようだ。現代社会ではそんなことは当然無理であろう。しかし、私の個人の意見としては、やはり人間として許し難い罪を侵した者に対して、社会は厳しい態度を取るべきだと考える。

2－2、無責任

悪の概念として次に挙げられるのは「無責任」であろう。責任は個人の自由の尊重と関連している。個人は独立を認められ、自由に行動することを許されるが、その分、自分の行動の結果に対する責任を負わなければならない。

責任とは「自分の行動の結果に対し、社会から要求される対処」と定義できる。自分が思うと思わざるとに拘わらず、社会から対処を要求されるわけであるから、責任とはあまり個人にとって喜ばしいものではないかもしれない。逆に、だからこそ倫理だと言えるのである。

現代倫理学は個人の自由を尊重しながら、善悪の概念として他者危害しかない。このことを私は以前より不思議に思っていた。もちろん、倫理学の世界でも「責任倫理」というものがあり、責任については詳しく検討されている。しかし、具体的善悪の概念に責任が取り上げられることは少ない。倫理学では善悪の概念とそれに基づく行動、そして行動に対する責任に分けて考えられているようである。そのため責任というと善悪の概念とは別に検討されてきたようである。

しかし、責任の問題が善悪の概念に含まれない理由には、欲望肯定という現代社会の風潮の影響もあると思う。学問としての倫理学は厳密であっても、もともと社会通念との関連の中で成立しているところもある。そして現代社会において人間は、個人の自由は尊重したくても責任は取りたがらない傾向がある。この傾向の影響を現代倫理学は受けているのではないだろうか。

倫理とは本来、欲望を調節するのが役割のはずである。社会に対して時に苦言も呈さなくてはならない。現代社会が個人の独立と自由を尊重するなら、責任は必ず取らなくてはならない完全義務とすべきだろう。責任を取ることが善なのではなく、無責任が悪なのである。そうでなければこの世に罰則なんていらないはずである。

人間は本来自己を肯定するようにできている。責任を取るということは自分の誤りを認めることであるが、それはある意味で自己を否定することでもある。自分の誤りを認めるには、それなりの訓練が必要なようだ。反省の結果、多くの人は「償いはしたくても責任は取りたくない」ようである。つまり、人間は自分の良い側面を出してプラスの行動はしたくても、自分の誤りを認めてマイナスの責めを受けるのは避けようとする傾向がある。それは自己の名誉を傷つけたくないからだし、その方が楽だからでもある。罪を反省し、奉仕活動をする人は多いが、進んで刑務所に入る人はほとんどいない。だから裁判所が強制しなくてはならないのである。しかし、マイナスの責めとしての苦痛があるから、はじめて悪は防げるのかもしれない。

責任に対する感覚がそもそも認められないことも多い。第二次世界大戦の責任を天皇に求める人は多いが、実際に異国で暴力や略奪を行った国民一人一人の責任が問われることは少ない。それは責任に対する感覚自体がそもそも薄いからではないだろうか。世の中には、自分が悪いなんて考えもしない人が結構いる。人に責任を取ってもらって、社会的に認められないことができるのなら、こんなに楽なことはない。ある意味で便乗して悪さをする人が最も醜いのである。ニーチェもおそらくそう言うであろう。

生殖技術やバイオテクノロジーに関して、あまり厳しい規制を設けていない国もある。そこには考え方の違いもあるだろうし、それ自体を誤りだと決めつけることはできない。しかし、厳しい規制を設けない背景には、単に考え方の問題だけでなく、バイオテクノロジーによって経済的効果を得ようという意図もあると言われる。それで何の問題も起こらないのであれば構わないのかもしれない。しかし、それがもし将来何らかの混乱や争いの元になった際には、規制を行わなかった国がその責任として莫大な賠償金を要求される可能性もある。

訴訟社会とは、相手の誤りを指摘し、その責任を問う社会であると言える。誤りを指摘されてもそれを認めないから争いになるのである。もちろん、あってはならない行為に対しては訴訟が起こるのは当然であるが、それはある意味で欲望と欲望のぶつかり合いでもある。

訴訟に対しては、誤りを指摘される方も防御策を立てなければならない。例えば医療現場では、生命や身体が直接関わるため訴訟問題が起きやすい。そこでは患者に十分な情報を与えた上で意思を確認する「インフォームド・コンセント」が普及してきている。確かに以前は患者に対して明らかな不利益となる医療行為が行われるようなケースもあったため、このような手続きでそれらを防止することは重要であろう。また、患者さんの身体を扱うのだから、よく説明した上で同意を取るのは当然である。しかし、この手続きは、実際には訴訟に対する医師側の防御策として用いられることも多いようである。それは医師の態度としてふさわしくないと思うかもしれない。しかし、実際に訴えられる側としてはそうせざるをえない面もある。医療行為に危険はつきものだからだ。ある医師が「近頃の患者は医師が一生懸命医療に取り組んでも感謝はせず、少しでも失敗すると訴える」ともらしたのを聞いたことがある。それは患者にもよると思うが、全体としてはそういう傾向に向かってきているとは思う。お互いの責任を追及し合うのは、ある意味でお互いが人間として信頼し合ってないということであり、そのために倫理学の力を借りて関係を保とうとしているのである。

2－3、無視

悪の概念の最後に「無視」を挙げておく。これは善の概念で挙げた「共感」と逆の概念である。ここでいう無視とは、相手が存在しないように振る舞うという意味だけではなく、相手の言い分を最初から聞かないことも指す。人の意見は理解しなければならない。

何も、無視を悪の概念として挙げなくてもよいと思うかもしれない。しかし、一般の人間関係は別にして、少なくとも国際政治等の社会的に重要な関係では、意見が合うにしろ、合わないにしろ、相手の意見をそっくりそのまま復唱できるようでなくてはならない。その過程に相互理解の契機があるであろう。

これからの社会では、人と意見を調整する能力が必要である。従来、指導者は自己の信念を貫き、皆を引っ張ることが大きな役割であった。そのような役割が重要であることは間違いないが、今後の社会では、それに加え、相手の言うことを聞く能力も必要とされるだろう。成熟した社会では、英雄よりもまとめ役の方が重宝されるとも言われる。

戦争は相手の意見を聞かないだけでなく、条約や国際法を無視することによっても起こる。従来、それなりに平和を維持するための国際法はあった。しかし、実際にはそれが無視されるから争いが起こるわけである。従来の倫理学では、社会の最終的な枠組みは国家にとどまっているところがあった。そして国家は、主権として独自性を保証されてきたのである。旧国際法では主権国家には戦争をする権利も保証されていた。ある意味で国際社会は主権国家同士のご近所付き合いなのである。だから「国際」社会と言われるのである。国際政治では、国際法はもちろん重要であるが、国家同士が結ぶ条約も大きな役割を果たしている。

ヘーゲルも社会の最大枠は国家と考えているようで、国家間の規律は条約によって保つと述べている。当時はまだ国家が中心となって動いており、世界的視野というのは現実味がなかったのかもしれない。しかし、今後の世界はこのような国際社会としてではなく、グローバル（地球的）な視野を持つべきだと考える。グロチウスはこのような立場をとっていると聞く。

倫理学には環境倫理というものもあるが、そこでもこの視野が必要とされている。国境はあっても世界はつながっており、総体として地球環境を形成しているのである。本書の目的も、そのようなグローバルな視点からの倫理を何らかの形で提示することにある。国際法の強制力は罰則規定も含めだんだんと強くなってきている。それは国際法を無視してはならないということであり、グローバルな視野が広がってきていることでもある。

2−4、その他

その他の悪の概念としては、善の概念の逆を取れば、無知、不健康、無秩序、破壊、低地位等も挙げられる。しかし、完全に守らなければならない完全義務として挙げるほどではないと考える。知識については得た方がよい、体については健康な方がよい、秩序についてもあった方がよいということで納得できるのではないだろうか。実際に満たされにくいものを完全義務にすることはできないと考える。また、低地位に関しては、民主主義社会の発展の中で、特殊な場合を除いては、大きな問題になることはなくなってきているため、ここでは完全義務として挙げなかった。破壊については基本的には悪の概念に属するが、時には破壊が必要なこともある。しかし、それは悪に対して行われるべきものであり、何が本当に悪なのかを判断するのは非常に難しいことだと考える。

3、第二章のおわりに

以上、具体的善悪の概念について検討した。できるだけ網羅できるように努力したが、まだ不完全な部分もあるかもしれない。現代社会で具体的判断を行う際に何らかの手助けになれば幸いである。

第三章　将来へ向けて

グローバル・エシックスの必要性

これまでに、第一章では、現代社会の思想的背景とその問題点について簡単に触れ、これからはグローバルな視野に立った倫理学が必要とされるであろうと述べた。そして第二章では、そのために必要な共有できる善悪の概念について検討した。第三章では、それらの検討をもとにグローバル・エシックスを実現するための具体的方法論を示す。

本章はアイディアが主体であり、前二章との関連は必ずしもない。中には突拍子もないと思われるアイディアも含まれるかもしれない。ただ言えるのは、国際社会においては、前章で検討したような善悪の概念の共有があったとしても、やはり思想信条の統一は難しく、利害関係も複雑だということである。

国家は自国の国民に対する多大な責任を担っている。また、自国に不利益をもたらした政権は選挙で破れる可能性もある。それだけに、国と国との話し合いは、利害関係のぶつかり合いになる可能性も高い。そのため、国際社会は守るべき規範を厳格に定めて、システマチックに運営するべきだと考える。その具体案を以下に提示する。必ずしも全てが現実的とは思わないが、いくつかは有用なものも含まれると考える。

全体として言えるのは、資本主義的自由競争に社会主義的調整を盛り込んでいるということである。自由競争は際限なき発展を目指すところがあるが、それではおそらく近い将来地球が悲鳴を上げてしまう。グローバルな視点から調整を行わなければならない。但し、これから述べるのは、あくまでも地球全体の運営の仕方であり、各国の政治体制とは別であることをお断りしておく。

なお、現国連は第二次世界大戦の連合国側の組織として創設されているが、現在ではほぼ中立的な組織と考えられる。そのため、本章でこれ以降に展開するグローバル体制では、国連が中心的な役割を果たすことを想定している。世界平和、経済の調節、民主主義の発展、環境資源の問題、科学技術の問題、外交関係、罰則規定について検討する。

1、世界平和

まず考えなければならないのは、世界平和である。もし、今後何かのきっかけで世界大戦が起こり、核兵器が用いられたら、世界は壊滅的な打撃を受けると考えられる。もしかしたら世界は終わるかもしれない。この問題に関してはもっと危機感を持つべきであり、完全な予防策を立てておかなければならない。このような戦争を防ぐための予防策は安全保障と呼ばれる。

安全保証には条約による安全保証と集団安全保障がある。前者の代表としては北大西洋条約機構やワルシャワ条約機構がある。これはかいつまんで言えば、思想信条を同じくする国同士で結束して安全を確保しようとするものである。しかし、異なる思想信条を持つ国家群が別の条約機構を形成した際には逆に世界大戦になる可能性がある。実際に過去二度の世界大戦はそうして起こっている。

それを防ぐために必要なのは「バランス・オブ・パワー」という概念である。これは各国の力の均衡が崩れると侵略戦争が始まるという理論に基づいているが、実際に均衡を保つのは難しい。また、同じくらいの力があっても何かの契機があれば紛争が起こる可能性はある。

本来一つの力は独占や征服を生む。そしてそのような体制では、よほどの自制心がない限り、自己の誤りに気付きにくく、結果として発展を阻害することがある。二つの力は対立や競争を生みやすい。国政では二大政党政治が一番理想的だと言われるのは、二つの政党が競争し合うことで切磋琢磨し、よりよい政治が営まれると考えられるからである。バランスを保つには三つの力が最も適切とも言われ、三権分立もその観点によるものである。それ以上の数だと力がまた二つに分かれ、対立や競争を生み出す恐れがある。

それに対して集団安全保障とは、思想信条は別にして世界全体で安全保障を行おうというものである。現国連の安全保障体制はこのシステムをとっている。しかし、安全保障理事会の理事国には拒否権があるため、実際にはこのシステムだけでは紛争が起こることがあった。このシステムが必ずしもうまく働かないから、各国はこれとは別に条約機構も結んでいるのではないかと思われる。集団安全保障の枠組みを実効性のある形で世界全体に広げる必要がある。以下に集団安全保障システムの新しい形態を提示する。

それは保険形式による集団安全保証システムである。まず、世界全体の軍隊にかかっている費用をA円とする。仮にその10%を国連の収入として上乗せしたものを1・10A円とする。それを世界各国のGNPに比例して配分し、安全保障保険料として加盟国から国連が徴収する。そして既に軍隊を持っている国には、待機料として実際に軍隊にかかっている費用を国連が徴収した分から払う。その合計額はA円となり、差し引き0・10A円が国連の収入となる。待機料を払った国の軍隊には、集団安全保証が崩れた場合には国連軍として働いてもらうことになる。適用の規準としては、原則として先に攻撃を加えた方が悪いということにしてはどうかと思う。

自国に十分な軍隊を持たない国も安全が完全に保証されるのは望ましいことである。また、既に十分な軍隊を持つ国は保険料より待機料の方が高いことになる。事実上あまりすることはないはずなので、かなりの利益になるはずである。経済的に保険料が支払えない場合や利益があまりにも大きすぎる場合には多少の調整は必要かもしれないが、原則としてこのシステムでよいと考える。各国の軍隊は国家の仕事に関わることもあるので完全に国連軍にすることはできないかもしれないが、徐々に国連軍としての性格を強めることは可能だと思われる。

このシステムで紛争の起こる危険がなくなれば、強力な軍隊は持つ必要がなくなるし、国連勧告によって各国一律何%という形で軍縮を計ることもできる。そうすれば保険料も安くなるであろう。このシステムは強力な軍隊を持つ国が独自に行うことも可能かもしれないが、それでは対立勢力が現れる危険もある。中立的制度として、世界平和のために協力して頂けたら幸いである。

また、現在の国連は経済的に危機的な状況にあるが、このシステムを採用すれば経済的に困ることはまずなくなるであろう。国連勧告によって核兵器を一律に廃止することも可能である。使ったら世界は終わるかもしれないのだから、持っていても意味はないと考える。国境に関してはとりあえず現時点で凍結し、変更や新しい国の創設については、国連による裁判で決定することにしてはどうだろうか。国と国との争いも武力を用いた紛争ではなく、話し合いで解決するようにすればよい。一国に軍隊が集中しないように分けて配置する必要もあるが、それはこのシステムが採用されてだいぶ経ってから考えるべき問題であろう。世界平和を維持するには国連の力を増さなければならない。そのためには軍隊の共有と経済力、そして決断力が必要である。

もしこのシステムが採用されたら、世界平和は実現するかもしれないが、もう一つの提案もしておきたい。それは国家元首の国連総会での承認である。これによって国家元首は、就任するには国際社会の中で協調性を保たねばならなくなり、結果として国際紛争は減ると思われる。この方法は保険形式による集団安全保障が確立してから後に実施すると効果的であると考える。

2、経済の調節

これまでの自由主義経済は、需要と供給のバランスに神の見えざる手が働いて価格が定まるという理論に基づいている。そして経済活動に対する干渉は間接的なものに限られてきた。自由市場を保つことで自由競争が起こり、経済活動は発達すると考えられてきたのである。

しかし、ここには三つの大きな問題点がある。一つ目は、不況の問題である。自由競争には全体の活動性が低下する可能性がある。二つ目は、自由競争では強者が弱者を支配する構造が生まれるということである。実際に、人間としては平等とされていても、一人一人の所得格差は広がってきている。三つ目の問題は、自由競争は果てしない発展を前提としており、その原動力として人間の欲望を刺激する必要があるということである。これによって地球環境は悲鳴を上げつつある。

これらの問題を解決する一つの方法論を以下に記す。それは調整経済とでも言うべきものである。旧社会主義国では計画経済といって、需要も供給も国家が計画することになっていた。しかし、これでは国民の意欲が低下するという欠点があり、他国との競争に敗れるという結果になったことは既に検討した通りである。

しかし、経済に何らかの直接的な介入を行わなければ、先に挙げた自由市場経済の欠点は解決できない。調整経済とはこの二つの間をとったようなシステムである。その具体的方法について述べる。

まず、国民や企業に売りたいものと買ってもよいもののリストを提出させる。それを国家や国連が主体となって組み合わせ、需要と供給を積極的に組み合わせるというものである。買ってもよいものを多くリストアップすれば、自分の売りたいものも買ってもらえる確率は高くなることになる。

不況は消費者心理が冷え込み、買い控えが起こることによって生ずると言われている。このシステムではそのような消費者心理の壁を取り払うことによって需要と供給の結合を実現するものである。自由市場経済を恋愛結婚に例えるならば、これはお見合い結婚とでも言えるだろう。

需要と供給に関する生の数字が産業別に出ることになるため、どの産業がはやるのかも分かりやすい。情報を公開すれば、産業を誘導することもできるだろう。国や国連は情報の収集と結合、そして公開にのみ関わり、実際の決断は国民や企業が決めることにすれば、自由市場経済にも違反しない。

ただし、このシステムは競争力を低下させる危険もある。しかし、その危惧に対しては、システムを国の特許とした上で当初は不況時のみの適用とし、競争力の低下が起こらないことを確認すれば済むことである。

システムの使用に税金をかけることもできる。インターネットを用いれば、簡潔で迅速なシステムを築くことができるだろう。先進国では既に物は十分にあるため、サービス業への転換が計れるかも知れない。コンピューターが発達し、人手がいらなくなりつつある現代において、それは重要なことである。個人的には、先進国では皆、昔の貴族以上の生活をしているのであるから、教養や趣味の学校を創設して精神文化の再建に努めてはどうかとも考える。

このシステムを使って、より積極的に経済に介入することも可能である。例えば結合率（需要と供給が結合する割合）を操作して優先結合産業を設定することもできる。世界経済においては、発展途上国の経済をこのような形で発展させていくことは重要かもしれない。これによって自由競争による強者と弱者の較差の拡大を防ぐことができるだろう。しかし、この結合率の操作は、癒着や汚職につながる危険性もあるため注意が必要である。

3、民主主義の発展

次に民主主義の今後の発展について考える。まず、よく問題にされる衆愚政治について考えたい。私は愚かという表現は好きではないが、多くの国民は政治に関して十分な知識がないことは確かである。それでも政治がうまく回る場合はよいが、国民の知識のなさから、正当とは言えない勢力が力を伸ばすこともある。既に述べたが、ナチス政権は世界で最も民主的なワイマール憲法の下で生まれたのである。十分な知識のない国民を操作しようと考える人もいる。例えば、裁判にかけられる悪人はわざと車椅子にのって入廷したり、病気の様子をマスコミを通して流したりする。また、政治が金で動くのは、民衆が金で動くからである。選挙の前に先生方のご馳走を楽しみにしていたのは、ついこの間のことである。何でも人に責任を押し付け、自分達は正しいと考えてはいけない。

この欠点を防止するために、アメリカでは二重選挙制度をとっている。つまり、政治に知識のある人が大統領選挙の選挙人になり、国民はその選挙人をまた選挙で選ぶという制度である。しかし、この制度では、選挙人があらかじめ誰に投票するか公言しているため、事実上国民が直接選んでいるのと同じである。

私はこのような民主主義の危険性を防止するために、被選挙者に資格試験を設けてはどうかと考えている。試験で評価できない政治力は確かにあるかもしれないが、政治、歴史、経済、法律、倫理、社会思想、心理学、国際情勢、そして語学等について、深くはなくても幅広い知識は必要とされるのではないだろうか。自由とか民主とか言っているが、果たしてその意義や欠点を把握しているかは疑問である。どっちにつくかの力関係だけが興味の対象であって、経済、国際情勢、その他の知識は勉強していない人もいるのではないだろうか。

もちろん、政治は国民が広く参加する必要もあるため、あまり難しい試験をする必要はないかもしれない。しかし、やはりある程度の知識は問うべきである。試験で評価できない政治力は、過去数年の業績と失敗で評価することにしてはどうだろうか。失敗がいつまでも残るのは国民も好まないし、過去数年の業績が現在の政治力を評価するのには適切であると考える。業績では少し与党有利かもしれないが、その分失敗も厳しく評価すればよい。

評価方法については政治評論家の方が考えればよいのではないかと考えている。点数が出れば国民にも分かりやすいであろう。一回試験に通った人も業績の評価と合わせて試験をやり直せばよい。あまり難しい試験ではないのだから、それほど大変なことではないと考える。選挙に合わせて評価できれば最も理想的である。

この制度は政治家にとって全く悪い制度ではない。優れた業績を上げれば高く評価され、国民の信頼を得ることにもつながる。明解な評価が公開されれば、組織固めもいらず、選挙運動にかかる費用も減るであろう。また、十分な実力と実績がありながら、選挙で敗れる政治家の方を時に見かけることがあるが、この制度が導入されれば、そのようなことは起こりにくくなるであろう。実力のある政治家はそうすべきだと言うであろうし、そうでない人はやめてくれと言うであろう。何年か先にいっせいに開始してはどうだろうか。

この制度は国内政治だけではなく、国際公務員試験等で国際政治に用いることもできるだろう。思えば我々は国家の一員としての意識はあっても、世界の一員としての意識はあまりない。それは世界の政治に直接参加する機会が全くないからでもある。現国連の権限があまり強くないのは、概念やシステムはあっても、実生活の中でその存在を実感できにくいからではないだろうか。国連に議会を設け、各国から議員を選挙で選出するようにすれば、我々は世界の一員であるという自覚をもっと持つようになると考えられる。そこで考えられるのが国際選挙というシステムである。

基本的に国内の議会制度と同じシステムである。各国から選出された議員が国連の議員となり、国際政治にあたるというものである。人間の平等から一票の格差の問題には配慮しなければならないが、どの国も最低一人の議員は出すべきだと考える。また、人口によって議員の数にあまりにも大きな差が生じるのも問題である。ここで仮に例を挙げれば、各国最低一人、人口一億人までの国は二千万人に一人ぐらい、五億までは五千万人に一人ぐらい、あとは人口が一億人増える毎に議員の数が一人増えることにしてはどうだろうか。議員の数が最も多くなるのはもちろん中国となるが、人口十二億人として議員は二十人となる。

ただし、私の考えている国連の議員は中立的な立場から世界の運営に携わる人のことであり、自国に利権を持ってくる役割は原則としてない。国際政治学者が議員の評価を厳密に行えば、そのような役割が生じるのはある程度防げるであろう。現在でも国連の職員は国際公務員宣言をして中立の立場を保つことになっている。それが今後も必要かどうかは経過を見なければ分からない。しかし、自国から国連の議員が多く出ることは、その国にとって名誉なことではあろう。

一国の中では多くの国で民主主義が実現された。しかし国際的には、国家間による搾取や不平等は依然としてあり、民主主義が実現しているとは言い難い。それは社会の最大系が国家にとどまっていることによる。以上に述べたような、グローバルなスケールでの民主主義体制を設ければ、国家間の格差是正につながると考える。

4、環境、資源の問題

今後の世界を考える上で、環境や資源の問題は非常に重要である。しかし、この問題は国連が中心となってもっと積極的に対策を行わないと解決は難しいと考える。先進国は現在の文化生活をやめようとはしないだろうし、発展途上国も文化生活を目指して自国の環境や資源を活用しようとするであろう。この傾向を防ぐには、環境を汚し、資源を使っている文明国から、資源や森林を抱える国への公平な資金援助が必要であろう。

国連が中心となって、国際税として、環境税、資源税を設けてはどうかと考える。現在でも国別には設けられているようだが、世界的な問題であるため、国連が中心となって行った方が、効果は大きいと考える。資源税としてはガソリンと電気にかけ、環境税としては木材や紙にかける等すれば合理的であろう。集めた税金は、保護料として各国の産油量や森林量に比例して各国に配ればよい。その代わり生産を調整してもらうことになる。あるいは先に述べた需要と供給の結合率で優遇し、その国に別な産業を発展させてもよいかもしれない。

公空、公海、衛星軌道も広い意味で地球環境に含まれると考える。これも使用の際、少し国際税をかけ、管理は国連が中心となって行ってはどうだろうか。

5、科学技術の問題

科学技術の問題については前章の知性のところで検討したが、ここでもう一度簡単に触れておく。

科学技術の危険性に関しては現在多くの国で認識され、規制が始まっている。しかし、科学技術は人類共通の遺産とも言え、各国毎に規制基準が異なるのは問題である。例えばバイオテクノロジーを用いれば人間の改造も可能であり、どこかの国でそれを推し進める政権が誕生する可能性もある。現に五十年前にはそれを行おうとしていた国はいくつかあった。

しかも、注意しなければならないのは、それを行った国の方が実際に利益を得る可能性があるということである。そうなれば規制を設けて踏みとどまった国が競争に敗れることになる。

また既に述べたが、人間改造なんてことを行うと、人類がここまでやっと築き上げてきた、個人の自由や平等、民主主義は崩れてしまう可能性が高い。重要な科学技術に対しては、国連が中心となって統一した使用規準を設ける必要があろう。また、国内でも自治の動きの中、科学技術の使用規準は大学や研究所で異なる傾向もあるが、このような規制は本来、国、そして国際社会が中心になってトップダウン形式で行うべきであろう。

バイオテクノロジー等を扱う倫理として生命倫理というものがある。そこではグローバル・スタンダード（世界統一規準）は可能かということが検討されている。私はそれは可能だと思う。確かに国によって事情はさまざまかもしれないが、それは一つの倫理体系を多様に応用することで対応できると考える。

もちろん、国によってその倫理体系が違うのだとの考え方はある。しかし、国連が中心となって倫理基準を検討することは可能である。一国の中で、意見の異なる人が話し合って国の方針を決めるのと同様である。これまで、グローバル・スタンダードができなかった原因は、国際的規準について厳密に話し合う場がなかったからではないだろうか。そういう場を設ければ、国際的な倫理規準はできると考える。ただしこの場合、国連の権限を強くする必要があるだろう。

6、外交関係

現在の世界は主権国家同士の国際社会であると述べた。そこでは外交が重要となるが、私はこの外交も国連が中心になって行ってはどうかと考えている。

パスポートは国連が発行し、出国後の身分保証は国連が行うことにしてはどうか。また現在では各国が外交官や大使館を設けているが、国連が中心となって外交を行えば、そのような手間はかからず、各国の経費も抑えられる。外国語が得意で外交の知識のある各国の外務省の人は、半分くらい国連の職員になってもよいのではないだろうか。組織を固めるには職員の数を増やすことも重要である。

現在では各国の利害関係が明白なため、国連の職員になるには国際公務員宣言をして中立を誓わなければならない。しかし、世界がある程度平和になり、利害関係の対立も和らげば、自国の国籍のまま国連の職員になれるようにしてもよいのではないか。

7、罰則規定

最後に罰則規定について検討する。今までに挙げた制度がもし実現されたら、世界の秩序は現在よりかなり改善されると考えるが、それでも何か問題があった際の制裁については考えておいた方がよいと思われる。それには大きく分けて、経済的制裁、軍事的制裁、倫理的制裁がある。

経済的制裁は現在でも行われている。付け加えるとしたら、先に述べた経済システムの需要と供給の結合率を下げることが考えられる。

軍事制裁は現在でも多国籍軍等で行われているが、このシステムの中では国連軍を用いることになる。多くの問題はほぼこれで解決であろう。

倫理的制裁とは、前章で検討した悪の概念が制裁をうける国に対して行われても、世界はそれを悪として認めないというものである。国境も保証しないし、その国の物的所有権も認めない、他国での身分も保証しないということになる。つまり世界から完全に見放されるということを意味する。これは想定上の制裁であって実際に行われることはありえないであろう。

8、第三章のおわりに

以上、グローバル・エシックスによる世界体制の具体案を示した。いくつかは実際に実現可能ではないかと考える。国家を中心にものを考える時代はそろそろ終わるべきである。現在人類が抱えている問題は、地球規模での対策が行われなければ解決できないものが多いからだ。皆が問題意識を持って、そのための体制を協調して作っていくべきだと考える。

参考文献

以下に本書を執筆するにあたって特に参考になった文献を50音順に挙げておく。難しい専門書や原書にあたる時間が十分になかった私にとって、各分野の専門家の方々の分かりやすい解説書は非常に有用であった。この場をお借りして深くお礼申し上げる。なお、心理学に関しては多くの本の影響を受けたため、ここでは参考文献として挙げなかった。

「科学者とは何か」村上陽一郎、新潮社、1994

「科学的方法とは何か」浅田彰、黒田末寿、佐和隆光、長野敬、山口昌哉、中央公論社、1986

「学問のすすめ－わが人生のロゴスとパトス－」梅原猛、佼成出版社、1992

「カーマ・スートラ」福田和彦、KKベストセラーズ、1996

「韓非子　上下」韓非著、町田三郎訳注、中央公論社、1992

「キリスト教とイスラム教―どう違うか50のQ＆A－」ひろさちや、新潮社、1988

「近代民主主義とその展望」福田歓一、岩波書店、１９７７
「権利に関する省察」田中達也、生命倫理（10）68－74、１９９９
「国際法」第3版、松井芳郎、佐分春夫、薬師寺公夫、松田竹男、田中則夫、岡田泉、有斐閣Sシリーズ、１９９７
「これがニーチェだ」永井均、講談社現代新書、１９９８
「思想をどうとらえるか－比較思想の道標－」中村元、東京書籍、１９８０
「実存主義とは何か」J・P・サルトル著、伊吹武彦訳、人文書院、１９９６
「私的所有論」立岩真也、勁草書房、１９９７
「生命操作事典」生命操作事典編集委員会編、緑風出版、１９９８
「生命倫理～その背景を考える～」田中達也、自費出版、１９９７
「生命倫理学を学ぶ人のために」加藤尚武、加茂直樹編、世界思想社、１９９８
「増補現代倫理学の展望」伴博、遠藤弘編、勁草書房、１９９８
「デカルトと合理主義」ジュヌヴィエーヴ・ロディス・ルイス著、福居純訳、白水社クセジュ、１９８９
「哲学の歴史－哲学は何を問題にしてきたか－」新田義弘、講談社現代新書、１９８９

「哲学への回帰　資本主義の新しい精神を求めて」稲盛和夫、梅原猛、PHP研究所、1995
「東洋思想がわかる―〝西欧思想に比肩するアジアの叡智〟を探求する―」渋谷申博、菅田正昭、松澤正博、篠崎雪雅、日本文芸社、1998
「読書について」ショウペンハウエル著、斉藤忍随訳、岩波書店、1983
「二十一世紀のエチカ―応用倫理学のすすめ―」加藤尚武、未来社、1993
「20世紀の思想―マルクスからデリダへ―」加藤尚武、PHP研究所、1997
「仏教と神道―どう違うか50のQ&A―」ひろさちや、新潮社、1987
「ヘーゲルの〝法〟哲学」加藤尚武、青土社、1999
「法と社会　新しい法学入門」碧海純一、中央公論社、1979
「物と心」大森荘蔵、東京大学出版会、1980
「倫理学」A・C・ユーイング著、竹尾治一郎、山内友三郎、芝烝訳、法律文化社、1977
「倫理学で歴史を読む―21世紀が人類に問いかけるもの―」加藤尚武、清流出版、1996

「歴史の終わり　上中下」フランシス・フクヤマ著、渡部昇一訳、三笠書房、1992
「〝欲望〟と資本主義−終わりなき拡張の論理−」佐伯啓思、講談社現代新書、1993

おわりに

以上、世界の抱える問題について倫理学の見地から検討を行ってきた。社会思想はもともと倫理学的考察から始まっていることを考えれば、本書は社会思想に関する小著でもある。世界体制に目を向け、具体的方法論に言及したのが主な特徴だと言える。

本書は著者が学生時代に記した「生命倫理」というタイトルの本の一、二章を拡充し、一般的な倫理問題に対象を拡げたものである。当時は生命倫理という言葉は知っていたが、生命倫理学という学問があることは知らず、主に自分で考えたことを記しただけであった。その後、倫理学や関連する分野について若干勉強はしたが、自ら考えるという姿勢は今回も貫いたつもりである。

倫理学をはじめとした各分野の専門家の方々から見れば、本書には至らない点も多いかもしれない。しかし、本書の目的は専門的知識を厳密に検討することではなく、新たな問題提起をすることにある。また一般の方に広く読んで頂くことを目的に、かなり簡略化して述べた部分もある。もし本書を読んで各分野に興味を持った方がおられたら、専門書を広げて頂きたい。

二十一世紀が始まってしばらく経ったが、世界にはまだ問題が山積みになっている。本書は、二十一世紀最初の年に、これらの問題に関する自分の考えをまとめておいたものである。あらゆる社会体制や人間の活動は、それを支える哲学から始まっている。私の考えがまだまだ未熟であることは間違いないが、本書が今後の社会体制を考える上で何らかの参考になれば幸いである。

二〇〇二年二月吉日

田中　辰哉

著者プロフィール

田中 辰哉（たなか たつや）

本名、田中達也

昭和44年12月20日、鹿児島県生まれ

昭和63年、ラ・サール高校卒業

平成7年、名古屋大学医学部卒業

現在 リハビリテーション科医師、日本生命倫理学会会員

これからの時代 グローバル・エシックスの視点

2002年5月15日 初版第1刷発行

著 者 田中 辰哉
発行者 瓜谷 綱延
発行所 株式会社 文芸社
〒160-0022 東京都新宿区新宿 1-10-1
電話 03-5369-3060（編集）
03-5369-2299（販売）
振替 00190-8-728265

印刷所 東洋経済印刷 株式会社

ISBN4-8355-3827-7 C0095